RECETTES VÉGÉTARIENNES
de la MÉDITERRANÉE

Imprimé sur papier recyclé blanchi sans chlore

Si vous souhaitez être tenu(e) au courant de nos publications, envoyez-nous vos coordonnées à :

La Plage
Rue du Parc
34200 Sète
Tél. : 04 67 53 42 25
Fax : 04 67 53 49 05
edition@laplage.fr
www.laplage.fr

ISBN 2-84221-119-7
ISSN 1769-2598

Imprimé à Barcelone (ES) sur les presses de Beta
Dessins intérieur : D.R.
Couverture : Pascal Plottier, photographie de couverture Karim Brunie

Recettes végétariennes de la Méditerranée

Ida Ganci

Recettes
végétariennes
du monde

La plage
éditeur

À ma grand-mère
À mes petites-filles

Sommaire

Tartes et tourtes

Pâtes et riz

Plats complets

Légumes du soleil

Barbecue

Desserts

Introduction

Le fameux régime méditerranéen préfère les légumes
Qui n'a pas aujourd'hui entendu parler du fabuleux régime crétois ? Depuis que chercheurs et diététiciens se sont penchés sur le secret de leur longévité nous savons aujourd'hui qu'un style de vie épargné du stress, un contact constant avec la nature et un régime alimentaire typiquement méditerranéen, quasiment végétal, sont à l'origine de leur vitalité.

Mais que mangent les crétois ? Beaucoup d'huile d'olive, très peu de viande bien sûr, du fromage, de brebis et de chèvre essentiellement, et avec modération, et surtout abondance de légumes, de légumineuses, de fruits et d'herbes cultivés sainement... sans oublier un peu de vin rouge et du pain au levain. Un régime qui ignore tous les aliments industrialisés, transformés et appauvris d'aujourd'hui.

Ce régime de santé que l'on retrouvait sensiblement dans tout le bassin méditerranéen est riche en acides gras poly et monoinsaturés, en vitamines et en minéraux de toutes sortes, en fibres alimentaires et en anti-oxydants. Tout ce qu'il faut pour protéger ses partisans de l'infarctus et des maladies cardiovasculaires !

Les trois piliers du régime méditerranéen

L'huile d'olive

Symbole de la cuisine méditerranéenne par excellence : 98 % des oliviers poussent sur le pourtour de la Méditerranée ! Pour choisir votre huile d'olive, lisez les étiquettes. L'huile d'olive non raffinée, mise en bouteille directement après la production et le filtrage est appelée huile extra vierge ou vierge. En revanche, l'huile d'olive sans qualificatif a subi un raffinage destiné à éliminer les impuretés.

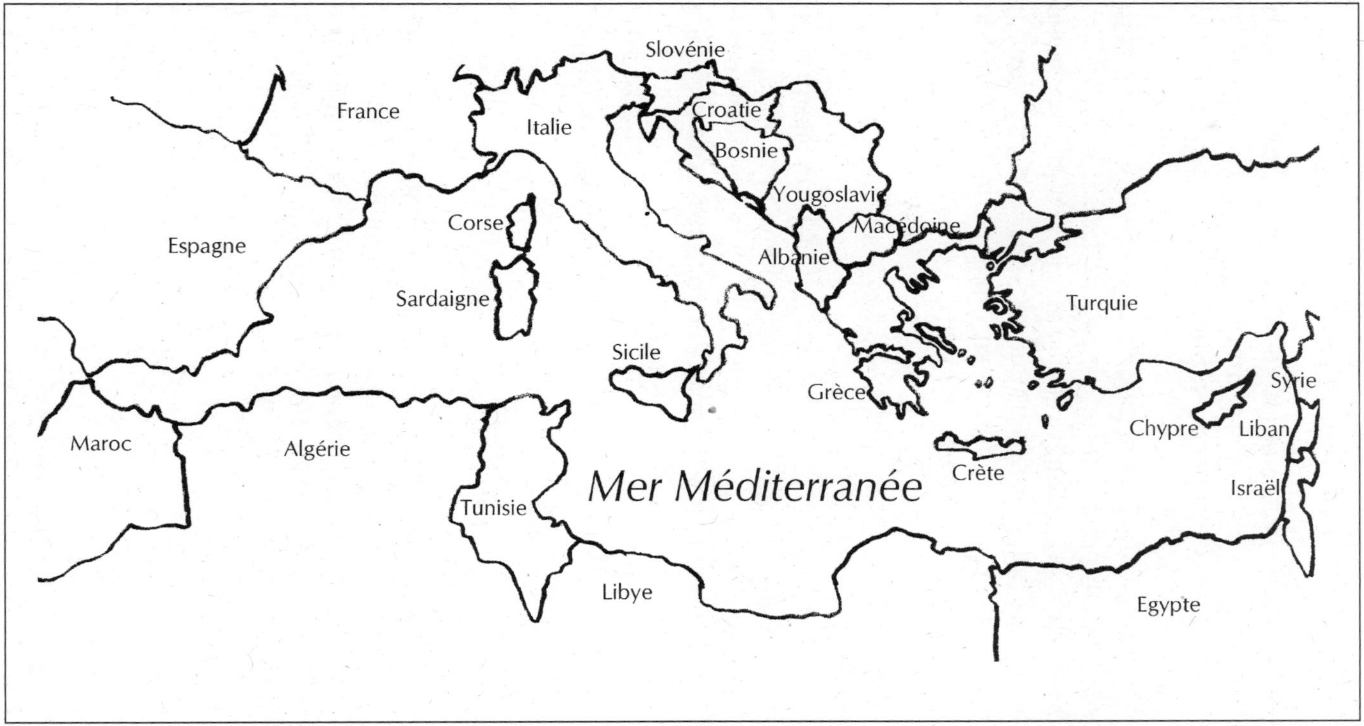
Slovénie
France
Italie
Croatie
Bosnie
Yougoslavie
Corse
Macédoine
Espagne
Albanie
Sardaigne
Turquie
Sicile
Syrie
Grèce
Maroc
Algérie
Chypre
Liban
Crète
Mer Méditerranée
Israël
Tunisie
Libye
Egypte

L'huile d'olive se conserve plus d'un an à l'abri de la lumière et à température ambiante. Elle contient de la vitamine E et A qui la protège de l'oxydation.
Elle est conseillée à la fois pour la friture et l'assaisonnement. Elle résiste parfaitement aux hautes températures.

La bonne réputation
L'huile d'olive a des effets bénéfiques sur la santé grâce à son taux élevé d'acides gras monoinsaturés. Ces acides gras ont pour effet de réduire le mauvais cholestérol et d'agir au niveau de la prévention des maladies cardiovasculaires. Il faut savoir que notre consommation d'acides gras doit être équilibrée. On préconise :
1/3 d'acides gras saturés (produits laitiers, huile de palme ou de coco)
1/3 d'acides gras polyinsaturés (huile de tournesol, de maïs, de pépins de raisins...)
1/3 d'acides gras monoinsaturés (huile d'olive et de noix)

L'huile d'olive parfume les plats délicatement. Préférez toujours une utilisation à cru sur les tomates ou sur les pâtes et essayez la tranche de pain complet encore chaude arrosée d'un filet d'une bonne huile d'olive...

L'ail

Avec l'huile d'olive, l'ail est un symbole de la cuisine méditerranéenne. Les Égyptiens, les Grecs et les Romains en étaient friands. Il existe plus de trente sortes d'ail, on trouve de l'ail blanc, du violet et du rose. Dans tous les cas choisissez une tête aux gousses fermes et dodues. L'ail blanc frais se conserve très bien 6 bons mois dans une atmosphère saine et sèche.

On utilise l'ail depuis l'antiquité pour ses propriétés médicinales. Il contient en effet du sulfure d'allyre, un puissant antibiotique. L'ail fait partie intégrante du régime crétois et l'on a démontré

son effet sur la santé cardiovasculaire. L'ail consommé cru, à raison d'une ou deux gousses journalières, diminue le taux de mauvais cholestérol et réduit le risque de cancer digestif.
Après un bon aïoli, pensez à croquer des grains de cumin ou de café qui supprimeront ses désagréments olfactifs.

La tomate

Incontournable dans la cuisine de la Méditerranée, - les grecs en consomment 72 kilos par an et par personne - la tomate peut être servie en soupe, en salade, en sauce, en coulis; elle est farcie, gratinée, séchée et toujours présente dans les pizza, gaspacho, ratatouille ou autre Caponata. Les tomates sont délicieuses en saison, à la fin de l'été, lorsqu'elles ont mûri naturellement et qu'elles se sont gorgées de soleil. Il existe de nombreuses variétés : de formes ronde, allongée, en poire ou en cerise, de couleurs rose, rouge, jaune, striées de vert, de saveur acide, douce ou sucrée. Les étals de nos marchés reflètent mal cette diversité et l'on aura tout intérêt à les cultiver soi-même.
Les nutritionnistes parent la tomate de milles vertus : reminéralisante, diurétique, apéritive, digestive. elle est pauvre en calories et riche en anti-oxydants.

L'herbier méditerranéen

L'aneth
L'aneth, comme son cousin le fenouil, est originaire du bassin méditerranéen. Les feuilles d'aneth fraîches fanent rapidement, on les hache finement pour les incorporer aux soupes ou aux salades. Évitez toutefois de les faire cuire pour qu'elles conservent leur arôme. Ses petits graines douces et piquantes s'incorporent aux marinades. L'aneth est réputé pour ses vertus digestives et stimulantes.

L'anis

L'anis est une plante aromatique qui produit de petites graines parfumées très utilisées dans la cuisine de la Méditerranée orientale. On incorpore ces graines dans les pâtisseries et l'on en fait surtout de fabuleuses boissons (anisette dans le Maghreb, pastis en France, ouzo en Grèce, raki en Turquie, sambuca en Italie, arak en Egypte).

Les vertus de l'anis sont multiples, on le conseille en cas de digestion difficile, de flatulence, de toux et pour ses effets apaisants sur le système nerveux.

On confond souvent l'anis, le cumin, le carvi et l'aneth, toutes plantes de la famille des ombellifères aux saveurs avoisinantes.

Le basilic

Même s'il est originaire de l'Inde, la saveur du basilic signe tout de suite la cuisine méditerranéenne. Il accommode à merveille les tomates et les pâtes et on l'associe à l'ail et à l'huile d'olive pour fabriquer le pistou.

La coriandre

Comme l'aneth et l'anis, dont elle est une proche parente, la coriandre est cultivée à la fois pour ses feuilles et pour ses graines. La saveur de ses feuilles vertes est très particulière à la cuisine de la Méditerranée orientale. On l'utilise comme le persil qu'elle peut tout à fait remplacer dans les salades, les soupes ou en décoration de plat. Les graines de coriandre sont utilisées moulues ou entières, avec les pommes de terre, les fromages, les pâtisseries. On les croquera avec profit après un plat très aillé.

Le laurier

Les romains se paraient de couronnes de laurier, symbole honorifique. En cuisine on utilise le laurier accompagné du persil et du thym pour former le bouquet garni. Très parfumées, les feuilles de laurier seront utilisées avec parcimonie. On reconnaît au laurier des propriétés antiseptiques, digestives, expectorantes et antirhumatismales.

La menthe

Elle pousse comme du chiendent dans les jardins et il en existe de nombreuses variétés, même si la menthe poivrée et la menthe verte restent les plus utilisées. La menthe parfume les plats de la méditérranée orientale, le taboulé libanais et le thé d'Afrique du nord. La menthe poivrée contient une essence, le menthol, qui parfume la bouche, facilite la digestion et est parée de nombreuses vertus médicinales (antiseptique, expectorant et, à petite dose, calmant).

L'origan et la marjolaine

Toutes deux originaires d'Afrique du nord, ces deux plantes aromatiques ont trouvé leur place dans la cuisine italienne et provençale. L'origan parfume les pizzas, la marjolaine parfume l'huile d'olive, et elles font partie intégrante du mélange « herbes de Provence ».

La marjolaine et l'origan ont des vertus digestives et antispasmodiques. On en fait des tisanes conseillées en cas de migraines, d'insomnie ou de mal des transports.

Le romarin

Le nom latin du romarin signifie « rosée de mer », Méditerranée bien sûr, d'où il est originaire. Le romarin est un petit arbrisseau dont les feuilles persistantes ressemblent à de petites épines. Il est particulièrement parfumé et doit être utilisé avec parcimonie, on l'utilise d'ailleurs en parfumerie pour la fabrication de bains et de savons odorants. Le romarin fait partie des herbes de Provence et l'on n'oubliera pas, au printemps, d'utiliser ses fleurs dans les salades. On dit le romarin efficace contre la fatigue, les rhumatismes et les infections.

Avant-propos

Il y a quelques années mon fils a épousé une charmante végétarienne et est lui-même devenu végétarien. Au début, j'étais donc très embarrassée lorsqu'il me fallait préparer un repas familial dominical ou festif.
Pour eux, c'était pâtes et salades.
Mais ce manque d'harmonie sur la table ne me satisfaisait pas.
Petit à petit, je me suis remémorée les recettes familiales de mon enfance et de mon adolescence, lorsque je vivais à la campagne chez mes parents agriculteurs à une époque où nous n'avions pas de congélateur et où la viande et le poisson n'étaient pas quotidiennement au menu.
Bien sûr, ayant grandi dans un pays méditerranéen, j'étais imprégnée de souvenirs de savoureux plats de légumes.
Comme on ouvre un tiroir où sont rangées de vieilles photos, j'ai ouvert celui, dans ma mémoire, où étaient stockés tous les goûts et les parfums de fruits et légumes de ma jeunesse.
Peu à peu, j'ai préparé des menus variés entièrement végétariens appréciés de tous.
J'ai commencé à écrire mes recettes avec l'idée de les transmettre à mes petites filles.
Puis, encouragée par mon éditeur, j'ai pensé en faire profiter tous ceux qui se trouvent confrontés à la même situation.
Et c'est ainsi que ce livre est né.

Soupes du soleil

- Soupe à l'oseille
- Potage à la tomate
- Minestrone
- Soupe au pistou
- Gaspacho
- Soupe de pois cassés
- Potage au potiron
- Soupe de pois chiches

Soupe à l'oseille

Pour 4 personnes

500 g d'oseille
50 g de beurre
2 jaunes d'œufs
3 cuillerées à soupe de crème fraîche
sel et poivre

Laver les feuilles d'oseille. Ôter les parties dures s'il y en a. Mettre l'oseille dans une casserole avec une cuillerée à soupe d'eau. Faire fondre à couvert sur feu doux en remuant souvent.
Faire fondre le beurre sans colorer dans un faitout, ajouter la purée d'oseille, remuer puis ajouter 1 litre d'eau. Saler et poivrer.
Porter à ébullition, et laisser bouillir, à feu doux, 15 minutes.
Prendre deux louches de bouillon chaud, les verser dans une soupière et y délayer les jaunes d'œufs et la crème fraîche.
Verser le contenu du faitout dans la soupière, remuer bien.
Servir chaud avec des croûtons de pain rassis.

Potage à la tomate

Pour 4 personnes

2 kg de tomates bien mûres
4 pommes de terre à purée moyennes
4 oignons blancs frais
6 gousses d'ail
1 bouquet de basilic
huile d'olive
sel et poivre

Laver les tomates, les couper en quartiers sans les vider.
Éplucher les pommes de terre, les oignons et les découper en rondelles.
Éplucher les gousses d'ail.
Dans un grand faitout, mettre 5 cuillerées à soupe d'huile d'olive à chauffer sur feu doux, ajouter les oignons, faire revenir sans prendre couleur puis ajouter les pommes de terre, laisser encore 5 minutes en remuant, ajouter les tomates, les gousses d'ail entières, la moitié du basilic. Saler, poivrer, ajouter 1,5 litre d'eau et laisser cuire doucement jusqu'à ce que les pommes de terre soient défaites.
Passer au moulin à légumes. Ajouter le reste de basilic haché.
Servir bien chaud avec des croûtons de pain grillés.

Minestrone

Pour 4 personnes

300 g de haricots rouges à égrener
2 courgettes
4 carottes
2 ou 4 pommes de terre suivant grosseur
5 ou 6 tomates
3 oignons blancs
4 gousses d'ail
1 bouquet garni
1 branche de céleri
1 brin d'origan
huile d'olive
sel et poivre

Faire cuire les haricots écossés avec le bouquet garni dans 2 litres d'eau pendant 30 minutes environ. Les égoutter.
Peler les tomates, les vider et couper en quartiers.
Gratter les carottes et les découper en petits dés.
Ôter les extrémités des courgettes et les découper en cubes.
Éplucher les pommes de terre, les couper en dés.
Éplucher les oignons, les couper en minces rondelles.
Dans un grand faitout, mettre 4 cuillerées à soupe d'huile d'olive à chauffer, ajouter les oignons, faire revenir sans prendre couleur puis ajouter les courgettes, les carottes, les pommes de terre, remuer, couvrir et laisser revenir 5 minutes. Ajouter les haricots rouges, les tomates, les gousses d'ail coupées en deux, le céleri ciselé et le brin d'origan, mouiller avec 2 litres d'eau et laisser mijoter 30 minutes environ.
Servir chaud.

Quand je prépare du minestrone, je double les quantités pour avoir au moins deux repas.

Soupe au pistou

Pour 4 personnes

500 g de courgettes
500 g de haricots verts
1 kg de haricots blancs à égrener
500 g de pommes de terre
500 g de carottes
500 g de tomates
3 échalotes
6 gousses d'ail
1 botte de basilic
100 g de parmesan râpé
huile d'olive
sel et poivre

100 g de pâtes courtes (facultatif)

Ôter les extrémités des courgettes, les gratter et les couper en cubes. Équeuter les haricots verts et les couper en deux. Éplucher les pommes de terre, les couper en cubes. Gratter les carottes et les couper en dés. Peler les tomates, les ouvrir pour retirer les graines.
Dans une marmite avec 2 litres d'eau, mettre les haricots blancs à cuire pendant 20 minutes. Les égoutter. Rincer la marmite, l'essuyer, mettre 4 cuillerées à soupe d'huile d'olive à chauffer à feu doux, y faire revenir les échalotes coupées en rondelles. Ajouter tous les légumes et quelques feuilles de basilic, remuer, couvrir et laisser 5 minutes. Ajouter 2 litres d'eau, le sel et le poivre et laisser mijoter 45 minutes environ. Si la soupe est trop épaisse, ajouter un peu d'eau avant d'y mettre les pâtes à cuire.
Dans un mortier, déposer les feuilles de basilic et l'ail et à l'aide du pilon les réduire en pommade puis incorporer progressivement, en tournant, 1 verre d'huile d'olive. Verser le contenu du mortier dans la marmite. Remuer et faire chauffer sans bouillir 2 minutes.
Servir très chaud avec le parmesan râpé.

Gaspacho

Pour 4 personnes	*1 kg de tomates bien mûres* *1 petit concombre* *1 poivron vert* *1 poivron rouge* *1 oignon blanc frais* *2 gousses d'ail* *1 petit piment rouge* *1 citron* *huile d'olive* *sel et poivre*

Peler les tomates, les ouvrir et retirer les graines.
Éplucher l'oignon et les gousses d'ail.
Peler le concombre et le détailler en petits dés.
Ôter le pédoncule des poivrons et du piment, les ouvrir et retirer les graines et les parties blanches. Les découper en fines lanières.
Réserver la moitié du concombre et des poivrons.
Mixer tous les légumes en une ou deux fois.
Verser dans une soupière.
Ajouter 3 cuillerées à soupe d'huile d'olive, les dés de concombre et les lanières de poivrons restants.
Saler, poivrer et remuer bien.
Ajouter 2 verres d'eau froide et le jus d'un citron.
Couvrir avec un film alimentaire et mettre dans le réfrigérateur 2 heures.

Une soupe de légumes crus à servir très frais, parsemée de feuilles de basilic.

Soupe de pois cassés

Pour 4 personnes

400 g de pois cassés
1 oignon
2 gousses d'ail
1 vert de poireau
2 carottes
3 cuillerées à soupe de crème fraîche
huile d'olive
noix de muscade râpée
sel et poivre

Laver les pois cassés. Les mettre à tremper 3 heures dans un faitout puis amener à ébullition 3 minutes. Les égoutter.
Éplucher l'oignon et les gousses d'ail.
Gratter les carottes.
Laver le vert du poireau.
Dans le faitout, faire chauffer 3 cuillerées à soupe d'huile d'olive. Ajouter tous les légumes, couper en gros morceaux. Laisser revenir 5 minutes à feu doux.
Ajouter 2 litres d'eau puis les pois cassés égouttés.
Saler, poivrer, ajouter une pincée de noix de muscade.
Laisser mijoter à couvert pendant 1 heure environ.
Mixer la soupe. La verser dans la soupière, ajouter la crème fraîche, remuer.
Servir très chaud avec des croûtons de pain grillés.

Potage au potiron

Pour 4 personnes

1 kg de potiron
3 échalotes
1/2 bouquet de cerfeuil
3 cuillerées à soupe de crème fraîche
1 pincée de noix de muscade râpée
50 g de parmesan
huile d'olive
sel et poivre

Éplucher et épépiner le potiron. Le couper en gros cubes.
Dans un faitout, faire chauffer 3 cuillerées à soupe d'huile d'olive, mettre les échalotes épluchées et coupées en rondelles à dorer sur feu doux.
Ajouter le potiron, remuer et laisser revenir 3 minutes.
Couvrir avec 1,5 litre d'eau ou de bouillon aux légumes (en cubes). Saler, poivrer, ajouter la pincée de noix muscade.
Cuire à petit feu pendant 40 minutes.
Mixer. Verser dans une soupière. Ajouter un hachis fin de cerfeuil et la crème fraîche.
Servir très chaud accompagné de parmesan râpé.

Soupe de pois chiches

Pour 4 personnes

300 g de pois chiches
2 gousses d'ail
2 feuilles de laurier
1 brin de romarin
1 cuillerée à soupe de concentré de tomate
huile d'olive
sel et piment de Cayenne

Laver les pois chiches et les faire tremper 24 heures Les égoutter et les verser dans une marmite remplie d'eau froide. Ajouter les feuilles de laurier et le romarin. Les faire cuire 3 ou 4 heures sur feu modéré.
Saler en fin de cuisson et égoutter.
Peler les gousses d'ail, les couper en petits morceaux.
Dans le faitout, faire chauffer 3 cuillerées d'huile d'olive, faire à peine dorer l'ail à feu doux, ajouter le concentré de tomate, le sel et le piment de Cayenne.
Verser les pois chiches avec leur eau de cuisson dans le faitout et laisser mijoter encore 25 minutes.
Servir très chaud.

Il est bien plus aisé d'utiliser des pois chiches en boîte. J'en trouve de très bons dans les rayons bio.

Entrées

- Antipasti d’aubergines
- Caponate
- Poivrons à la piémontaise
- Fleurs de courgettes en beignets
- Terrine de carottes au cumin
- Champignons farcis aux herbes
- Carottes à l’orientale
- Carottes en salade à la menthe
- Ma salade niçoise
- Tomates à la brousse fraîche
- Petits chaussons d’échalotes à la menthe
- Salade tunisienne
- Salade d’oranges maltaises
- Mon taboulé
- Bricks à la ricotta
- Fondue de poivrons rouges et d’oignons

Antipasti d'aubergines

Pour 4 personnes

5 aubergines moyennes
3 oignons blancs moyens
1 verre de câpres au vinaigre
1 poignée d'olives vertes dénoyautées
1 petit verre de vinaigre de vin
3 branches de céleri à côtes
huile d'olive
huile pour friture
sel et poivre

Ôter les extrémités des aubergines, les détailler en tronçons.
Les faire frire par petites quantités dans la friture chaude.
Éplucher les oignons et les couper en rondelles.
Dans une grande sauteuse, mettre 4 cuillerées à soupe d'huile d'olive à chauffer puis ajouter les oignons, les laisser dorer à feu doux quelques instants.
Ajouter les feuilles de céleri ciselées ainsi qu'une partie des branches. Couvrir et laisser cuire 15 minutes environ à petit feu et en remuant souvent.
Ajouter les câpres égouttées et les olives vertes coupées en petits morceaux. Laisser mijoter 10 minutes à couvert.
Verser les aubergines dans la sauteuse, bien mélanger, saler et poivrer et laisser cuire encore 10 minutes. Ajouter le vinaigre, faire mijoter 3 minutes sans couvercle en remuant afin que le vinaigre s'évapore.
Servir froid en entrée.

Pour la préparation des aubergines, je procède comme pour la recette précédente.
En Italie, vous découvrirez les buffets « d'antipasti » (entrées) si bien garnis des restaurants et vous vous régalerez entre autres, avec des aubergines ainsi préparées.

Caponate

Pour 4 personnes

1,5 kg d'aubergines
1 kg de poivrons rouges
500 g de tomates
5 ou 6 échalotes
6 gousses d'ail
2 branches de céleri
100 g d'olives noires dénoyautées
50 g de câpres fines au vinaigre
huile pour friture
huile d'olive
vinaigre de vin
sel, poivre

Ôter les extrémités des aubergines, les détailler en tronçons. Les faire frire par petites quantités dans la friture chaude.
Vider les poivrons, les détailler en morceaux.
Éplucher les échalotes et les couper en rondelles.
Peler et vider les tomates.
Ciseler les branches de céleri (tiges et feuilles).
Dans une cocotte en fonte, mettre 4 cuillerées à soupe d'huile d'olive à chauffer puis ajouter les échalotes, les laisser dorer à feu doux quelques instants, ajouter les poivrons, les gousses d'ail entières et le céleri.
Couvrir et laisser cuire doucement jusqu'à ce que les poivrons soient presque cuits (25 à 30 minutes).
Ajouter les tomates concassées, les olives dénoyautées et les câpres. Saler peu et poivrer.
Bien mélanger et laisser mijoter encore 15 minutes.
Ajouter les aubergines, remuer délicatement et laisser encore 10 minutes sur le feu.
Ajouter le demi-verre de vinaigre. Monter le feu, bien remuer pendant 2 à 3 minutes pour que le vinaigre imprègne les légumes et s'évapore.
Laisser refroidir et servir.

Pour avoir une bonne caponate je procède en deux temps. La veille, je fais frire les aubergines et je leur fais rendre l'huile absorbée en les mettant dans une passoire placée sur un bol.
Le lendemain, je continue la préparation.
Cette caponate, mise dans un pot en verre bien fermé, se garde plusieurs jours dans le réfrigérateur.
Elle est délicieuse en entrée mais peut aussi, accompagnée d'œufs frits, constituer un repas complet.

Poivrons à la piémontaise

Pour 4 personnes

2 poivrons rouges
2 poivrons verts
2 poivrons jaunes
2 échalotes
3 gousses d'ail
1 brin de thym
1 brin de romarin
quelques graines de coriandre
huile d'olive
sel et poivre.

Faire griller les poivrons au four ou sur un gril. Les mettre à refroidir dans un sac en plastique clos hermétiquement.
Peler les poivrons, retirer les pédoncules, les ouvrir pour retirer les graines et les parties blanches. Les couper en 4 dans le sens de la longueur. Disposer les poivrons dans un plat creux, en alternant les couleurs.
Éplucher les échalotes et l'ail. Les passer au mini-hachoir électrique. Les éparpiller sur les poivrons.
Ajouter le thym et le romarin émiettés, les graines de coriandre concassées. Arroser avec 4 cuillerées à soupe d'huile d'olive.
Couvrir le plat avec un film plastique alimentaire et mettre à macérer au réfrigérateur une nuit.
Servir en entrée.

Fleurs de courgettes en beignets

Pour 4 personnes

2 douzaines de fleurs de courgettes
2 œufs
100 g farine
1/2 verre de lait
2 cuillerées à soupe d'huile d'olive
sel et poivre
huile pour friture

Couper les tiges des fleurs en laissant 3 cm environ pour les saisir. Les laver et les essuyer délicatement.
Préparer la pâte à beignets en mélangeant les œufs, le lait, la farine et l'huile. Saler et poivrer. La pâte doit être assez épaisse.
Faire chauffer la friture, tremper chaque fleur dans la pâte, l'égoutter un peu puis la plonger dans la friture.
Au fur et à mesure, les retirer et les déposer sur du papier absorbant.
Servir bien chaud.

Ces beignets ont pour moi un parfum de nostalgie car ils me rappellent ma grand-mère qui nous en préparait de pleines assiettes.

Terrine de carottes au cumin

Pour 4 personnes

1 kg de carottes
8 œufs
3 cuillerées à soupe de crème fraîche
2 cuillerées à soupe de farine
une pincée de cumin
sel, poivre

Gratter les carottes. Les faire cuire à la vapeur ou à l'eau salée pendant 10 minutes. Les égoutter et les passer au moulin à légumes ou les écraser à la fourchette. Incorporer la farine pour épaissir la purée.

Battre les œufs en omelette, ajouter la crème fraîche, le sel, le poivre et la pincée de cumin. Bien remuer. Incorporer le mélange à la purée de carottes.

Prendre un moule à cake de 20 cm de long. Y verser la préparation et faire cuire au bain-marie pendant 1 heure environ à four moyen.

Le laisser refroidir dans le moule puis le mettre au réfrigérateur. Le démouler juste avant de servir, le trancher dans le plat de service.

Champignons farcis aux herbes

Pour 4 personnes

1 kg de champignons de Paris moyens (de même grosseur)
1 botte de persil plat, cerfeuil et estragon
1 brin de sarriette
1 œuf
1 tasse de mie de pain frais émietté
1/2 citron
3 cuillerées à soupe de crème fraîche
50 g de parmesan râpé
huile d'olive
25 g de beurre
sel et poivre

Laver les champignons rapidement sous un filet d'eau. Ôter les pieds, les peler et les passer dans de l'eau citronnée.

Faire un hachis fin avec les herbes. Hacher grossièrement les pieds des champignons.

Dans un bol, mettre la mie de pain, ajouter l'œuf, la crème fraîche. Remuer et incorporer le hachis d'herbes et les pieds des champignons. Saler et poivrer.

Disposer les champignons retournés dans un plat à four huilé. Les remplir avec la farce.

Saupoudrer de parmesan râpé. Mettre une noisette de beurre sur chaque champignon.

Les faire gratiner à four moyen (thermostat 5) pendant 25 à 30 minutes.

Servir chaud.

Je choisis des champignons bien blancs de 4 à 5 cm de diamètre et j'enlève les pieds jusqu'au bout pour avoir une cavité de bonnes dimensions.

Carottes à l'orientale

Pour 4 personnes

1 kg de petites carottes nouvelles
4 gousses d'ail
1 citron
une pincée de cannelle
une pincée de cumin
une pincée de piment de Cayenne
persil
huile d'olive
sel et poivre

Gratter les carottes et les faire cuire 15 minutes à la vapeur.
Dans une sauteuse, mettre 3 cuillerées à soupe d'huile d'olive, les épices, le persil et l'ail hachés, le sel et le poivre.
Laisser mijoter 5 minutes en tournant.
Ajouter un peu d'eau et laisser encore 10 minutes.
Découper les carottes en rondelles, les ajouter dans la sauteuse avec le jus de citron. Mélanger délicatement et faire encore mijoter 10 minutes.
Servir froid.

Pour changer, il est possible de remplacer le piment de Cayenne par une cuillerée à café d'harissa délayée dans un peu d'huile d'olive.

Carottes en salade à la menthe

Pour 4 personnes

1 kg de petites carottes nouvelles
4 gousses d'ail
un bouquet de menthe fraîche
huile d'olive
sel et poivre

Gratter les carottes et les faire cuire 15 à 20 minutes à la vapeur.
Faire un hachis avec les gousses d'ail et la menthe.
Couper les carottes en rondelles.
Les déposer dans un plat de service.
Dans un bol, mettre le hachis, saler et poivrer, ajouter l'huile d'olive. Bien mélanger.
Verser cette préparation sur les carottes en remuant bien.
Laisser reposer une heure.
Servir froid.

Ma salade niçoise

Pour 4 personnes

1 petite chicorée frisée
1 roquette
500 g de haricots verts
4 pommes de terre nouvelles
4 tomates bien fermes
2 oignons blancs nouveaux
1 petit concombre
4 œufs durs
50 g d'olives de Nice noires
1 brin d'origan
1 botte de ciboulette
huile d'olive
vinaigre
sel et poivre

Équeuter les haricots et éplucher les pommes de terre. Les faire cuire à la vapeur 15 minutes environ. Les laisser refroidir.
Laver la chicorée et la roquette. Bien les essorer, les couper grossièrement.
Dans un grand saladier, préparer la sauce en mélangeant 6 cuillerées à soupe d'huile d'olive avec 3 cuillerées à soupe de vinaigre et le hachis ciboulette et origan. Saler et poivrer.
Ajouter les pommes de terre en rondelles, les haricots verts, les oignons coupés en fines rondelles, les tomates coupées en quartiers, le concombre coupé en dés, la chicorée et la roquette
Remuer longuement. Ajouter les olives. Couper les œufs durs en deux et les poser au-dessus.
Servir frais.

Je change souvent de salades vertes. Suivant les saisons, j'utilise laitues, batavia, feuilles de chêne et autres.

Tomates à la brousse fraîche

Pour 4 personnes

4 ou 5 tomates rondes bien fermes
250 g de brousse (fromage frais battu)
2 brins de sarriette
2 brins d'origan
huile d'olive
sel et poivre

Laver les tomates, les essuyer et les couper en rondelles d'un cm. Les déposer dans un plat de service.
Couper la brousse en tranches (autant que de rondelles de tomates).
Poser une tranche de brousse sur chaque rondelle de tomates.
Dans un bol, mettre 4 cuillerées à soupe d'huile d'olive, le sel, le poivre et un hachis fait avec les feuilles de sarriette et celles d'origan. Mélanger bien et verser sur les tomates.

On trouve de la brousse dans les boutiques spécialisées et dans les grandes surfaces.
Pour varier, j'utilise aussi de la ricotta ou de la mozzarella.

Petits chaussons d'échalotes à la menthe

Pour 4 personnes

2 feuilles de pâte feuilletée achetée toute prête
500 g d'échalotes
1 bouquet de feuilles de menthe fraîche
1 œuf
sel et poivre
huile d'olive

Préparer la garniture.
Faire dorer les échalotes, coupées en rondelles, dans 3 cuillerées à soupe d'huile d'olive. Saler et poivrer.
Les retirer et les égoutter.
Hacher la menthe finement et l'incorporer aux échalotes.
Couper chaque feuille de pâte en deux.
Déposer un quart de la farce sur la moitié de la feuille, rabattre l'autre moitié, souder les bords avec un peu d'eau.
Préparer les 3 autres chaussons.
Les dorer à l'œuf et les cuire à four moyen 30 minutes.
Servir tiède.

Salade tunisienne

Pour 4 personnes

2 poivrons rouges
2 poivrons jaunes
4 tomates rondes de moyenne grosseur
2 gousses d'ail
huile d'olive
sel et poivre

Faire griller les poivrons au four ou sur un gril. Les mettre à refroidir dans un sac en plastique clos hermétiquement.
Faire griller les tomates et les laisser refroidir.
Peler les poivrons, les ouvrir et enlever toutes les graines.
Peler les tomates, les ouvrir et enlever les graines.
Hacher grossièrement les poivrons et les tomates. Ajouter les gousses d'ail pelées et pilées, le sel, le poivre et 4 cuillerées à soupe d'huile d'olive. Bien remuer. Laisser au frais une heure. Servir.

Je choisis du pain complet au levain pour l'accompagner.

Salade d'oranges maltaises

Pour 4 personnes

4 oranges + 1 pour le jus
10 olives noires
1 citron vert
huile d'olive
sel et poivre

Peler les oranges. Les couper en tranches d'1/2 cm, retirer les pépins et les déposer sur un plat de service.
Préparer la sauce en mélangeant dans un bol, le jus de l'orange et le jus du citron à 3 cuillerées à soupe d'huile d'olive. Saler et poivrer.
Verser la sauce sur les tranches d'oranges, décorer avec les olives.
Servir bien frais.

Mon taboulé

Pour 4 personnes

4 tomates
1 concombre
2 oignons blancs
4 carottes
4 citrons
1 bouquet de menthe
1 bouquet de persil
1 bouquet de ciboulette
huile d'olive
sel et poivre

400 g de graines de couscous moyennes

Laver les tomates, les essuyer, les couper en deux et ôter les graines.
Peler le concombre et éplucher les oignons.
Gratter les carottes.
A l'aide d'une râpe à grosse grille, râper tous les légumes. Les mettre dans un grand saladier.
Faire un hachis avec toutes les herbes, le mélanger aux légumes râpés.
Ajouter le jus des citrons, 4 cuillerées à soupe d'huile d'olive, le sel et le poivre. Mélanger le tout en remuant bien.
Faire gonfler la graine en l'arrosant avec 2 verres d'eau très chaude salée et additionnée d'une cuillerée à soupe d'huile d'olive. Détacher les graines à l'aide d'une fourchette.
Incorporer le couscous dans le saladier, remuer encore et si nécessaire ajouter un peu d'eau.
Fermer hermétiquement à l'aide de film plastique alimentaire et laisser au réfrigérateur 3 heures au moins.

Le taboulé est meilleur s'il est préparé la veille.

Bricks à la ricotta

Pour 4 personnes

8 feuilles de brick
300 g de ricotta
3 jaunes d'œufs
1 bouquet de persil
15 g de beurre
sel et poivre

Hacher très fin le persil.
Dans un bol, mettre la ricotta, l'écraser à la fourchette, ajouter le persil haché, 2 jaunes d'œufs, le sel et le poivre.
Travailler à la fourchette pour avoir une crème homogène.
Plier les feuilles de brick en rabattant chaque côté vers le centre pour obtenir un rectangle. Déposer 2 ou 3 cuillerées à soupe de crème et rouler comme un cigare.
Beurrer un plat à four, y déposer les rouleaux, les badigeonner avec le jaune d'œuf restant.
Faire dorer à four moyen pendant 15 à 20 minutes.
Servir chaud, accompagner d'une salade verte.

Les feuilles de brick sont vendues en pochette sous vide dans les grandes surfaces. Mais si vous en trouvez des fraîches dans les boutiques spécialisées, n'hésitez pas elles sont bien meilleures.

Fondue de poivrons rouges et d'oignons

Pour 4 personnes

4 poivrons rouges
4 gros oignons blancs
sel et poivre
huile d'olive
une vingtaine de feuilles de basilic ou de menthe

Couper le pédoncule des poivrons, les ouvrir, enlever les graines et les côtes blanches intérieures, les découper en lanières.
Éplucher les oignons, les découper en rondelles.
Dans une sauteuse, faire chauffer 4 cuillerées à soupe d'huile d'olive à feu doux, ajouter les rondelles d'oignons, couvrir et laisser sur feu très doux 10 minutes en remuant souvent.
Ajouter les poivrons et continuer la cuisson, toujours à couvert.
Remuer souvent en faisant glisser à chaque fois l'eau du couvercle dans la sauteuse.
Lorsque les poivrons sont bien tendres, ajouter les feuilles de basilic hachées, laisser encore 3 minutes sur le feu.
Servir froid.

Tartes et tourtes

- Tourte aux épinards et à la ricotta
- Tarte génoise
- Tourte aux épinards et au tofu
- Tarte de Saorge
- Pissaladière Marinette
- Tarte aux courgettes et au tofu
- Tarte aux poivrons et à l'ail
- Tarte aux tomates et au roquefort
- Quiche à l'oseille
- Ma pizza sicilienne

Tourte aux épinards et à la ricotta

Pour 4 personnes

500 g d'épinards
250 g de ricotta
3 œufs
sel et poivre

Pâte brisée

500 g de farine
250 g de beurre
une pincée de sel
1 verre d'eau tiède

ou de la pâte brisée toute prête (2 feuilles)

Équeuter les épinards, les laver et les faire cuire à la vapeur où à l'eau salée 5 à 8 minutes. Bien les égoutter.
Dans un récipient, mettre la ricotta, ajouter les 2 jaunes d'œufs (en réserver une petite cuillerée), saler, poivrer et tourner en crème. Ajouter les épinards et bien mélanger encore.
Pétrir la pâte. La séparer en 2 et l'étaler pour obtenir deux disques de 30 cm environ de diamètre.
Garnir une tourtière avec une première feuille. Y verser la préparation. La recouvrir avec la deuxième feuille.
Badigeonner d'un peu de jaune d'œuf pour dorer.
Faire cuire à four moyen (thermostat 5) pendant 30 minutes environ.
Servir chaud.

Tarte génoise

Pour 4 personnes

blettes (1 ou 2 pieds)
250 g de ricotta
2 oignons frais
2 tomates
4 œufs
50 g de parmesan râpé
huile d'olive
sel et poivre

Pour la pâte à l'huile

500 g de farine
1/2 verre d'huile d'olive
1/2 verre d'eau tiède salée

Nettoyer les blettes. Bien les laver. Séparer le vert des côtes qui peuvent être utilisées pour un autre plat.
Faire cuire le vert à la vapeur ou à l'eau salée 10 minutes environ.
Dans une poêle, faire chauffer 3 cuillerées à soupe d'huile d'olive, ajouter les oignons émincés, laisser dorer sans roussir, ajouter les 2 tomates pelées et égrainées. Faire mijoter 5 minutes, puis ajouter les blettes bien égouttées et finement hachées. Laisser encore cuire 5 minutes.
Dans un saladier, mettre la ricotta, les œufs entiers, le fromage râpé, le sel et le poivre. Bien mélanger.
Ajouter la préparation tiédie. Mélanger à nouveau.
Préparer la pâte. Verser l'huile et l'eau dans un saladier. Ajouter la farine, mélanger pour former une pâte souple mais pas trop pour pouvoir l'étaler facilement.
La séparer en 2 et l'étaler pour obtenir deux disques de 30 cm environ de diamètre.

Garnir une tourtière avec une première feuille. La remplir avec la préparation. La recouvrir avec la deuxième feuille. Passer un peu d'huile d'olive pour la dorer.
Faire cuire à four moyen (thermostat 5) pendant 30 minutes environ.
Servir chaud ou tiède.

Les blettes comme les épinards et autres légumes verts se fanent très vite. Je les prépare et les fais cuire le jour de l'achat même si je dois les utiliser 1 ou 2 jours après. Je les garde, au réfrigérateur, dans un saladier couvert hermétiquement avec du film alimentaire plastique.

Tourte aux épinards et au tofu

Pour 4 personnes

500 g d'épinards
250 g de tofu fumé
2 œufs
sel et poivre

Pâte brisée

500 g de farine
250 g de beurre
une pincée de sel
1 verre d'eau tiède

ou de la pâte brisée toute prête (2 feuilles)

Équeuter les épinards. Les laver et les faire cuire à la vapeur ou à l'eau salée 5 à 8 minutes. Bien les égoutter.
Émietter et écraser à la fourchette le tofu, le mettre dans un saladier, ajouter les 2 œufs (réserver une petite cuillerée de jaune), le sel, le poivre et les épinards. Mélanger bien.
Pétrir la pâte. La séparer en 2 et l'étaler pour obtenir deux disques de 30 cm environ de diamètre.
Garnir une tourtière avec une première feuille. La remplir avec la préparation. La recouvrir avec la deuxième feuille.
Badigeonner d'un peu de jaune d'œuf pour dorer.
Faire cuire à four moyen (thermostat 5) pendant 30 minutes environ.
Servir chaud.

Tarte de Saorge

Pour 4 personnes

1 kg de petites courgettes de Nice
2 oignons
4 œufs
1 botte de basilic
100 g de parmesan râpé
huile d'olive
sel et poivre

Pour la pâte à l'huile
500 g de farine (environ)
1/2 verre d'huile d'arachide
1/2 verre d'eau tiède salée

Couper les extrémités des courgettes. Les laver et les couper en rondelles minces. Dans une poêle, faire chauffer à feu doux 3 cuillerées à soupe d'huile d'olive, ajouter les courgettes et les faire cuire, en remuant souvent, 10 minutes environ jusqu'à ce qu'elles soient bien tendres. Les retirer de la poêle et les réserver. Éplucher les oignons, les mettre dans la poêle, ajouter 1 cuillerée à soupe d'huile d'olive et les cuire, à couvert, en remuant souvent, 10 minutes. Hors du feu, verser les courgettes dans la poêle. Mélanger.

Préparer la pâte. Verser l'huile et l'eau dans un saladier. Ajouter la farine, mélanger pour former une pâte souple mais pas trop pour pouvoir l'étaler facilement. La séparer en 2 et l'étaler pour obtenir deux disques de 30 cm environ. Garnir une tourtière avec 1 disque de pâte en faisant bien remonter les bords. Verser la préparation dans la tourtière, la répartir uniformément.

Battre les œufs en omelette, ajouter le basilic haché. Saler peu et poivrer. Verser les œufs sur les courgettes, saupoudrer avec le parmesan râpé. Recouvrir avec le 2ème disque de pâte. Bien rabattre les bords vers l'intérieur. Percer 2 petits trous pour laisser la vapeur s'échapper.

Faire cuire à four moyen (thermostat 5) 30 minutes.

Pissaladière Marinette

Pour 4 personnes

2 kg d'oignons paille
1 vingtaine d'olives noires de Nice
thym frais
huile d'olive
sel et poivre

Pâte à pain
(1 pain de 400 g commandé chez le boulanger)

Éplucher les oignons et les couper en rondelles.
Dans une sauteuse, mettre 6 cuillerées à soupe d'huile d'olive à chauffer, verser les oignons et les faire revenir doucement et à couvert jusqu'à cuisson complète. Remuer souvent en faisant à chaque fois glisser les gouttelettes d'eau du couvercle dans la sauteuse. Saler et poivrer.
Laisser refroidir.
Étaler la pâte à pain, en rectangle, sur une plaque huilée.
Répartir dessus les oignons, saupoudrer de thym émietté. Garnir avec les olives. Appuyer légèrement, avec la main, pour enfoncer le thym et les olives dans les oignons.
Faire cuire à four moyen (thermostat 5) 30 minutes environ.

Pour ne pas avoir des difficultés pour éplucher autant d'oignons, je les enferme dans un sac en plastique à fermeture hermétique que je place dans le réfrigérateur pour 2 ou 3 heures. Ensuite, je les épluche sous un filet d'eau du robinet, je les coupe en rondelles et les fais cuire et égoutter.
Je fais cette opération la veille, la pissaladière est bien meilleure quand les oignons ont rendu une partie de l'huile absorbée.

Tarte aux courgettes et au tofu

Pour 4 personnes

4 ou 5 petites courgettes bien vertes
3 tomates
2 oignons frais
250 g de tofu
thym frais
huile d'olive

Pâte brisée

250 g de farine
125 g de beurre
une pincée de sel
1/2 verre d'eau tiède

ou de la pâte brisée toute prête (1 feuille)

Couper les extrémités des courgettes. Les laver. Les faire cuire 10 minutes environ à la vapeur (elles doivent rester fermes). Les découper en rondelles fines.

Dans une poêle, faire chauffer 3 cuillerées à soupe d'huile d'olive, ajouter les oignons coupés en rondelles et laisser dorer. Ajouter les tomates pelées et égrainées, le thym frais émietté, le sel et le poivre. Laisser mijoter 10 minutes.

Râper le tofu et, hors du feu, l'ajouter à la sauce.

Pétrir la pâte, l'étaler pour obtenir un disque de 30 cm environ de diamètre.

Garnir une tourtière avec la pâte en faisant bien remonter les bords.

Mettre la moitié de la sauce tomate.

Déposer dessus les rondelles de courgettes.

Couvrir avec l'autre moitié de sauce.

Faire cuire à four moyen (thermostat 5) 30 minutes.

Servir chaud.

Tarte aux poivrons et à l'ail

Pour 4 personnes

2 poivrons rouges
1 poivron vert
3 tomates
2 oignons frais
2 gousses d'ail
1 bouquet de persil plat
4 œufs
huile d'olive
sel poivre

Pâte brisée

250 g de farine
125 g de beurre
une pincée de sel
1/2 verre d'eau tiède

Laver les poivrons, les essuyer, ôter les pédoncules, les découper en morceaux. Éplucher les oignons ainsi que l'ail, peler les tomates. Dans une sauteuse, mettre 4 cuillerées à soupe d'huile d'olive, ajouter les poivrons et les oignons émincés et les faire cuire à couvert et à feu doux en remuant souvent pendant 15 minutes. Ajouter les tomates pelées, vidées et concassées. Saler, poivrer et laisser mijoter 15 minutes encore, tout le liquide doit être évaporé.

Préparer un hachis avec l'ail et le persil. L'ajouter à la préparation hors du feu et laisser refroidir.

Pétrir la pâte, l'étaler pour obtenir un disque de 30 cm environ de diamètre. Garnir une tourtière avec la pâte en faisant bien remonter les bords. Y verser la préparation.

Battre les œufs en omelette, les répartir sur la tarte.

Faire cuire à four moyen (thermostat 5) 30 minutes.

Servir chaud.

Tarte aux tomates et au roquefort

Pour 4 personnes

100 g de roquefort
4 tomates rondes
1 petit pot de crème fraîche épaisse
4 œufs
1 bouquet de persil et cerfeuil
huile d'olive
sel et poivre

Pâte brisée

250 g de farine
125 g de beurre
une pincée de sel
1/2 verre d'eau tiède

Ciseler le persil et le cerfeuil.
Battre les œufs en omelette, ajouter la crème, les herbes, le sel et le poivre, et le roquefort coupé en petits dés.
Pétrir la pâte, l'étaler pour obtenir un disque de 30 cm environ de diamètre.
Garnir une tourtière avec la pâte en faisant bien remonter les bords. Y verser la préparation. Poser dessus les rondelles de tomates, arroser d'un filet d'huile d'olive.
Faire cuire à four moyen 25 à 30 minutes.
Servir chaud.

Quiche à l'oseille

Pour 4 personnes

500 g d'oseille
8 œufs
1/4 de litre de lait
100 g de crème fraîche
sel et poivre

Pâte brisée

250 g de farine
125 g de beurre
une pincée de sel
1/2 verre d'eau tiède

Laver les feuilles d'oseille. Ôter les parties dures s'il y en a. Mettre l'oseille dans une casserole avec une cuillerée d'eau. Faire fondre à couvert sur feu doux en remuant souvent. Laisser égoutter et refroidir.

Dans un grand bol, casser les œufs, les battre en omelette. Ajouter la crème fraîche, le lait, l'oseille fondue, le sel et le poivre.

Mélanger bien.

Pétrir la pâte, l'étaler pour obtenir un disque de 30 cm environ de diamètre.

Garnir une tourtière avec la pâte en faisant bien remonter les bords.

Y verser la préparation.

Cuire à four moyen (thermostat 5) 30 minutes.

Servir chaud.

Ma pizza sicilienne

Pour 4 personnes

1 pain de 400 g en pâte (chez le boulanger)
4 tomates
2 oignons
2 gousses d'ail
250 g de mozzarella
olives noires dénoyautées (20 environ)
origan
huile d'olive
sel et poivre

Peler les tomates. Les vider et les égrainer. Éplucher les oignons, les couper en rondelles. Éplucher les gousses d'ail et les hacher menu. Dans une poêle, mettre à chauffer 3 cuillerées à soupe d'huile d'olive, ajouter les oignons, puis l'ail, l'origan et les tomates. Saler peu et poivrer. Laisser cuire 15 minutes à feu doux. Laisser refroidir.
Étaler la pâte à pain en un grand rectangle. Le déposer sur une plaque huilée.
Verser sur la pâte la préparation. Ajouter les olives.
Couper la mozzarella en fines tranches et recouvrir toute la surface.
Appuyer légèrement pour que la sauce recouvre le fromage.
Ajouter un filet d'huile d'olive.
Mettre à four chaud (thermostat 6) 20 à 25 minutes.
Servir chaud.

Je commande la pâte à pain chez mon boulanger.

Pâtes et riz

- Mes spaghetti à la sauce tomate
- Macaroni à la sauce tomate et aux petits pois
- Penne rigate à la ricotta
- Spaghetti au chou-fleur
- Spaghetti à l'ail
- Spaghetti au pistou génois
- Spaghetti aux fenouils sauvages
- Pâtes aux 4 fromages
- Gratin tricolore de pâtes
- Macaroni en gratin à la mozzarella
- Torsades aux épinards
- Coquillettes aux légumes
- Tagliatelles vertes façon carbonara
- Tagliatelles aux deux poivrons
- Tagliatelles à la provençale
- Lasagnes à la ricotta et aux épinards
- Salade de pâtes à la napolitaine
- Riz gratiné à la mozzarella et aux olives
- Riz aux fruits secs
- Riz au potiron
- Mon risotto

Mes spaghetti à la sauce tomate

Pour 4 personnes

1,5 kg de tomates olivettes bien mûres
huile d'olive
4 échalotes
4 gousses d'ail
1 morceau de sucre
50 g de parmesan râpé
sel et poivre
basilic

500 g de spaghetti

Bien laver les tomates - les couper en gros morceaux - les mettre dans un faitout avec un peu d'eau (un demi-verre) les faire cuire 10 minutes à feu doux. Passer les tomates cuites au moulin à légumes avec la grille la plus fine.
Dans le faitout, mettre 3 cuillerées à soupe d'huile d'olive, la faire chauffer à feu doux 2 minutes, ajouter les échalotes émincées, les laisser fondre et dorer sans brûler, ajouter les gousses d'ail entières puis le coulis de tomate.
Ajouter le sucre, le sel et le poivre et les feuilles de basilic.
Continuer la cuisson à feu doux et laisser réduire de moitié.
Faire cuire les pâtes dans l'eau bouillante salée additionnée d'une cuillerée à soupe d'huile d'olive.
Les égoutter, les mettre dans le plat de service, ajouter la sauce, bien mélanger et servir sans attendre.
Présenter en même temps un ravier avec du parmesan râpé.

Cette sauce tomate peut être utilisée dans nombre de recettes.

Macaroni à la sauce tomate et aux petits pois

Pour 4 personnes

1 kg de petits pois frais non écossés
1 boîte de concentré de tomates
huile d'olive
4 échalotes
4 gousses d'ail
1 morceau de sucre
sel et poivre

500 g de macaroni ou autres pâtes courtes

Dans le faitout, mettre 3 cuillerées à soupe d'huile d'olive, la faire chauffer à feu doux 2 minutes, ajouter les échalotes émincées. Les laisser fondre et dorer sans brûler, ajouter les gousses d'ail entières puis le concentré de tomates. Mouiller avec un demi-litre d'eau chaude.
Ajouter le sucre, le sel et le poivre.
Laisser réduire à feu doux 10 minutes.
Ajouter les petits pois écossés et laisser cuire ensemble jusqu'à ce que les petits pois soient bien tendres.
Faire cuire les pâtes dans l'eau bouillante salée additionnée d'une cuillerée à soupe d'huile d'olive.
Les égoutter, les mettre dans le plat de service, ajouter la sauce, bien mélanger et servir sans attendre.

C'est au printemps, lorsque les petits pois sont tendres et savoureux que je prépare ce plat avec les petits pois frais achetés sur le marché.

Penne rigate à la ricotta

Pour 4 personnes	*500 g de ricotta* *2 jaunes d'œuf* *sel et poivre* *500 g de pâtes « penne rigate »*

Écraser la ricotta dans un saladier, ajouter le sel et le poivre et les 2 jaunes d'œuf cru, bien remuer.
Faire cuire les pâtes dans l'eau bouillante salée additionnée d'une cuillerée à soupe d'huile d'olive.
Prélever une louche de l'eau de cuisson des pâtes et l'ajouter bouillante sur la préparation. Remuer encore.
Égoutter les pâtes et les verser dans le saladier.
Mélanger bien et servir immédiatement.

Avec les nouveaux conditionnements, il est facile de garder de la ricotta dans son réfrigérateur.
Et lorsque j'ai des « invités surprise » tard le soir, c'est vite prêt.

Spaghetti au chou-fleur

Pour 4 personnes

1 chou-fleur
4 gousses d'ail
huile d'olive
50 g de parmesan râpé
sel et poivre

500 g de spaghetti

Faire cuire les bouquets de chou-fleur dans de l'eau salée.
Bien égoutter.
Dans une poêle, faire chauffer 4 cuillerées à soupe d'huile d'olive, ajouter l'ail coupé en menus morceaux, le faire à peine dorer, ajouter le chou-fleur grossièrement écrasé à la fourchette, le sel et le poivre.
Couvrir et laisser cuire 10 minutes à feu doux.
Ajouter encore un peu d'huile d'olive, remuer.
Faire cuire les pâtes al dente dans l'eau bouillante salée additionnée d'une cuillerée à soupe d'huile d'olive.
Égoutter les pâtes, les verser dans un saladier.
Mélanger la préparation aux pâtes et servir avec du parmesan râpé.

Si vous avez un gros chou-fleur, vous pouvez en utiliser une partie pour faire des croquettes à servir en entrée.

Spaghetti à l'ail

Pour 4 personnes	*1 kg de tomates (olivettes fortement conseillées)* *4 courgettes moyennes (facultatif)* *6 à 8 gousses d'ail* *1 bouquet de basilic* *huile d'olive* *50 g de parmesan râpé* *sel et poivre* *500 g de spaghetti*

Plonger quelques instants les tomates dans de l'eau bouillante afin de pouvoir les peler facilement.
Peler les tomates, les ouvrir pour en retirer les graines, les couper en petits morceaux puis les écraser avec une fourchette pour obtenir une purée.
Passer au mini hachoir les gousses d'ail et le basilic.
Dans un grand saladier, mettre les tomates, le hachis, le sel, le poivre et 4 cuillerées à soupe d'huile d'olive.
Bien mélanger et laisser reposer un quart d'heure.
Détailler les courgettes en rondelles sans les éplucher et les faire frire.
Faire cuire les pâtes al dente dans l'eau bouillante salée additionnée d'une cuillerée à soupe d'huile d'olive.
Les égoutter, les verser dans le saladier avec la garniture et servir aussitôt avec du parmesan râpé et les courgettes frites.

Les spaghetti à l'ail évoquent pour moi la fête. Quand j'étais enfant et même bien plus tard, les réunions de famille, en été, se terminaient tard et souvent vers 1 ou 2 heures du matin quelqu'un demandait des pâtes à l'ail, tous en chœur reprenaient la demande et la maîtresse de maison aidée par les unes et les autres en préparait dans la joie et les rires.
C'était la « soupe à l'oignon » du sud !

Spaghetti au pistou génois

Pour 4 personnes

1 ou 2 bouquets de basilic
5 gousses d'ail
50 g de pignons
50 g de parmesan râpé + 50 g
50 g de pecorino râpé (fromage italien)
huile d'olive
sel et poivre

Pâtes : 500 g de pâtes spaghetti

Passer au mini hachoir les gousses d'ail, les feuilles de basilic et les pignons.
Dans un bol, verser le hachis, incorporer les 2 fromages puis verser peu à peu un demi-verre d'huile d'olive en tournant. Ajouter si nécessaire une pincée de sel et une de poivre.
Faire cuire les pâtes dans l'eau bouillante salée additionnée d'une cuillerée à soupe d'huile d'olive.
Les égoutter, les verser dans un grand plat creux, incorporer le pistou en remuant bien et servir aussitôt avec le parmesan râpé.

Le « pécorino » est un fromage fort, un peu salé que l'on trouve dans les épiceries italiennes. Vous pouvez le remplacer par un fromage de brebis basque.

Spaghetti aux fenouils sauvages

Pour 4 personnes

1 ou 2 bouquets de fenouils sauvages
3 gousses d'ail
1 boîte de concentré de tomates (140 g)
100 g de chapelure fine
huile d'olive
sel et poivre

500 g de spaghetti

Laver les fenouils. Les faire cuire à la vapeur 10 minutes. Les hacher grossièrement.
Dans une sauteuse, mettre à dorer à feu très doux les gousses d'ail pelées entières dans 3 cuillerées à soupe d'huile d'olive.
Ajouter le concentré de tomates, bien remuer puis mouiller avec 1 demi-litre d'eau. Saler, poivrer et laisser mijoter 15 minutes, l'eau doit être à moitié évaporée. Ajouter les fenouils, mélanger et laisser cuire encore 15 minutes, le temps d'avoir une sauce tomate de bonne consistance.
Faire chauffer une poêle en fonte sans matière grasse, verser la chapelure et la faire griller doucement en remuant constamment.
Faire cuire les pâtes dans l'eau bouillante salée additionnée d'une cuillerée à soupe d'huile d'olive.
Les égoutter, les verser dans un grand plat creux, incorporer la sauce aux fenouils en remuant bien et servir aussitôt en saupoudrant chaque assiette avec la chapelure dorée.

À défaut de fenouils sauvages que l'on ne trouve pas facilement ailleurs que sur les marchés de Provence au printemps, je les remplace par des bouquets d'aneth .

Pâtes aux 4 fromages

Pour 4 personnes

250 g de ricotta
100 g de gorgonzola
100 g de parmesan
100 g de fontina ou de fromage à raclette
1/4 de litre de lait
50 g de beurre

500 g de pâtes courtes

Dans un faitout, mettre le lait à chauffer sur feu doux. Ajouter les fromages à pâte ferme détaillés en morceaux et le beurre.
Remuer jusqu'à ce que les fromages soient bien fondus.
Ajouter la ricotta à la préparation chaude. Bien mélanger.
Faire cuire les pâtes dans l'eau bouillante salée additionnée d'une cuillerée à soupe d'huile d'olive. Les égoutter.
Verser les pâtes dans un plat creux et ajouter la préparation aux fromages en remuant.
Servir très chaud.

Comme c'est un plat très nourrissant, je le sers en plat unique suivi d'une salade verte.

Gratin tricolore de pâtes

Pour 4 personnes

1 pot de crème fraîche épaisse de 40 cl
4 œufs
100 g de parmesan râpé + 50 g
une bonne pincée de noix de muscade
sel et poivre

Pâtes :
150 g de pâtes à la tomate
150 g de pâtes aux épinards
150 g de pâtes aux œufs.

Dans un bol, casser les œufs et les battre en omelette, ajouter la crème, le fromage râpé, la muscade, le sel et le poivre, mélanger bien le tout.
Faire cuire les pâtes dans l'eau bouillante salée additionnée d'une cuillerée à soupe d'huile d'olive. Les égoutter.
Ajouter la préparation. Bien mélanger.
Beurrer un plat à gratin, y verser les pâtes. Saupoudrer avec le reste de parmesan râpé.
Faire gratiner à four moyen 20 minutes.
Servir chaud.

On trouve des paquets avec ce mélange de pâtes tout prêt, c'est bien plus pratique.

Macaroni en gratin à la mozzarella

Pour 4 personnes

250 g de mozzarella
Sauce tomate :
2 kg de tomates bien mûres (olivette)
huile d'olive
4 échalotes
4 gousses d'ail
1 morceau de sucre
sel et poivre
basilic
50 g de parmesan râpé
50 g de beurre
500 g de macaroni

Bien laver les tomates - les couper en gros morceaux - les mettre dans un faitout avec un peu d'eau (un demi-verre) les faire cuire 10 minutes à feu doux - les passer au moulin à légumes avec la grille la plus fine.
Dans le faitout, mettre 3 cuillerées à soupe d'huile d'olive, la faire chauffer à feu doux 2 minutes, ajouter les échalotes émincées, les laisser fondre et dorer sans brûler, ajouter les gousses d'ail puis le coulis de tomate. Ajouter le sucre, sel et poivre et les feuilles de basilic. Laisser réduire de moitié.
Faire cuire les pâtes, les égoutter. Bien les mélanger avec la moitié de la sauce tomate.
Dans un plat à gratin, mettre deux louches de sauce tomate. Mettre une couche de pâtes, une couche de mozzarella coupée en lamelles, arroser d'un peu de sauce, remettre une couche de pâtes, une de mozzarella, à nouveau une de pâtes. Parsemer de quelques noisettes de beurre et saupoudrer de parmesan râpé. Faire gratiner à four moyen (thermostat 5) pendant 15 minutes. Servir chaud.

Si vous avez du thym frais, émiettez-en un brin sur la mozzarella. Le goût du thym se marie bien avec la mozzarella.

Torsades aux épinards

Pour 4 personnes

500 g d'épinards frais
200 g de fromage (raclette ou asiaco frais)
3 gousses d'ail
huile d'olive
sel et poivre

500 g de pâtes torsades

Plonger les épinards équeutés et bien lavés dans un faitout contenant de l'eau bouillante salée. Les faire cuire 5 minutes après reprise de l'ébullition. Bien les égoutter.
Dans une poêle, mettre 3 cuillerées à soupe d'huile à chauffer, ajouter l'ail coupé en petits morceaux. Faire rissoler l'ail sans laisser roussir, ajouter les épinards, remuer et faire cuire 5 minutes. Ajouter le fromage coupé en lamelles et le laisser fondre en remuant. Saler peu et poivrer.
Faire cuire les pâtes dans l'eau bouillante salée additionnée d'une cuillerée à soupe d'huile d'olive. Les égoutter.
Les verser dans un plat creux et incorporer la préparation en remuant.
Servir très chaud.

Coquillettes aux légumes

Pour 4 personnes

1 kg de petits pois
500 g de carottes
500 g de courgettes
500 g de pommes de terre nouvelles
3 ou 4 tomates
2 oignons nouveaux
huile d'olive
sel et poivre

400 g de coquillettes

Gratter les carottes et les laver. Laver les courgettes après avoir coupé le pédoncule et la base. Éplucher les pommes de terre.
Faire cuire ces légumes à la vapeur de préférence ou dans de l'eau bouillante salée.
Écosser les petits pois. Peler les tomates en les plongeant quelques instants dans l'eau bouillante.
Dans une sauteuse mettre 4 cuillerées à soupe d'huile à chauffer à feu doux, ajouter les oignons coupés en morceaux. Les faire fondre, ajouter les tomates pelées et égrainées, les laisser cuire 10 minutes puis ajouter les petits pois. Couvrir d'eau et laisser cuire jusqu'à ce que les petits pois soient bien tendres.
Découper les légumes cuits à la vapeur en petits dés, les ajouter dans la sauteuse. Saler et poivrer et laisser encore mijoter 10 minutes.
Faire cuire les coquillettes dans l'eau bouillante salée additionnée d'une cuillerée à soupe d'huile d'olive. Les égoutter et les garnir avec les légumes.
Servir chaud.

Pour les enfants qui aiment les pâtes, c'est une façon de leur faire manger aussi des légumes.

Tagliatelles vertes façon carbonara

Pour 4 personnes

3 petites courgettes
1 poivron rouge
2 oignons blancs
2 jaunes d'œufs
4 cuillerées à soupe de crème fraîche
50 g de parmesan râpé
huile d'olive
une pincée de noix de muscade
sel et poivre
Tagliatelles (fraîches de préférence) : 400-500 g

Couper les extrémités des courgettes, les laver, les couper en bâtonnets. Couper le pédoncule du poivron, le couper en deux, bien enlever les graines et les filaments intérieurs, le détailler en lanières d'un centimètre. Peler les oignons, les découper en minces rondelles.
Dans une sauteuse, mettre 3 cuillerées à soupe d'huile d'olive à chauffer sur feu doux, ajouter les oignons, les laisser roussir, ajouter le poivron, couvrir et laisser mijoter 15 minutes environ en remuant souvent. Ajouter les courgettes. Saler, poivrer, parfumer avec la noix de muscade et continuer la cuisson, à couvert et en remuant souvent jusqu'à ce que les courgettes soient cuites à point sans se défaire. Faire cuire les pâtes dans l'eau bouillante salée additionnée d'une cuillerée à soupe d'huile d'olive. Bien les égoutter, les verser dans la sauteuse, remuer.
Dans un bol, mélanger les jaunes d'œufs à la crème. Éteindre le feu et ajouter le mélange aux pâtes très chaudes.
Servir aussitôt avec le parmesan râpé.

Je trouve des tagliatelles fraîches dans les épiceries. Si vous choisissez des tagliatelles sous vide, il faut être attentif à la qualité pour ne pas se trouver avec des pâtes qui ne tiennent pas à la cuisson, qui deviennent collantes et peu appétissantes.

Tagliatelles aux deux poivrons

Pour 4 personnes

2 poivrons rouges
2 poivrons jaunes
3 gousses d'ail
1 branche de céleri
50 g de parmesan râpé
huile d'olive
sel et poivre
une cuillerée à soupe de curry
Tagliatelles (fraîches de préférence) : 400-500 g

Couper le pédoncule des poivrons, les ouvrir, ôter les graines et les filaments blancs de l'intérieur. Les découper en lanières.
Faire chauffer 3 cuillerées à soupe d'huile d'olive dans une sauteuse à feu doux. Ajouter les lanières de poivrons, couvrir et laisser étuver 10 minutes en remuant souvent.
Peler les gousses d'ail, les hacher grossièrement.
Hacher également les feuilles du céleri et la partie tendre de la branche. Ajouter dans la sauteuse ainsi que le curry, le sel et le poivre. Laisser mijoter 15 minutes environ à petit feu, en remuant souvent et en faisant glisser l'eau du couvercle dans la sauteuse. Si nécessaire ajouter un petit peu d'eau.
Faire cuire les pâtes dans l'eau bouillante salée additionnée d'une cuillerée à soupe d'huile d'olive.
Bien les égoutter, les verser dans la sauteuse, remuer.
Servir aussitôt avec le parmesan râpé.

Les poivrons rouges sont moins forts en goût que les verts et plus digestes. Je les choisis bien fermes et sains. Les jaunes sont également bons mais si vous n'en trouvez pas, vous pouvez n'utiliser que des rouges.

Tagliatelles à la provençale

Pour 4 personnes

1 kg de tomates
500 g de champignons de Paris
2 oignons blancs nouveaux
3 gousses d'ail
1 bouquet de basilic
50 g de parmesan râpé
huile d'olive
sel et poivre

Tagliatelles (fraîches de préférence) : 400-500 g

Peler les tomates, les vider, les couper en morceaux.
Peler les oignons et les couper en rondelles.
Peler les gousses d'ail, les couper en deux.
Nettoyer et laver les champignons, les couper en lamelles.
Dans une sauteuse, mettre 1 cuillerée à soupe d'huile et ajouter les champignons pour leur faire rendre l'eau de végétation.
Les égoutter.
Dans une poêle, mettre 3 cuillerées à soupe d'huile d'olive à chauffer sur feu doux, faire revenir les oignons sans colorer, ajouter les gousses d'ail puis les tomates et la moitié du basilic.
Saler, poivrer et laisser mijoter 15 minutes environ.
Ajouter les champignons et laisser encore 10 minutes.
Faire cuire les pâtes dans l'eau bouillante salée additionnée d'une cuillerée d'huile d'olive.
Bien les égoutter, les verser dans un plat de service creux, ajouter la sauce, remuer, parsemer avec le reste de basilic ciselé.
Présenter un ravier avec du parmesan râpé.

J'utilise de préférence des tomates olivettes qui ont vraiment le goût du soleil et je ne lésine pas sur le basilic pour avoir un plat qui embaume.

Lasagnes à la ricotta et aux épinards

Pour 4 personnes

1 kg d'épinards frais
500 g de ricotta
2 jaunes d'œufs
50 g de parmesan râpé
sel et poivre

sauce tomate
1,5 kg de tomates olivette bien mûres
huile d'olive
4 échalotes
4 gousses d'ail
1 morceau de sucre
sel et poivre
basilic

20 feuilles de lasagnes

Préparer la sauce. Bien laver les tomates - les couper en gros morceaux - les mettre dans un faitout avec un peu d'eau (un demi-verre) les faire cuire 10 minutes à feu doux. Passer les tomates cuites au moulin à légumes avec la grille la plus fine.
Dans le faitout, mettre 3 cuillerées à soupe d'huile d'olive, la faire chauffer à feu doux 2 minutes, ajouter les échalotes émincées, les laisser fondre et dorer sans brûler, ajouter les gousses d'ail entières puis le coulis de tomate.
Ajouter le sucre, le sel et le poivre et les feuilles de basilic.
Continuer la cuisson à feu doux et laisser réduire de moitié.
Préparer les épinards. Les trier, les équeuter, les laver et les cuire à la vapeur 10 minutes environ. Les égoutter et les laisser refroidir. Dans un saladier, mettre la ricotta, l'écraser à la fourchette puis ajouter les épinards, les 2 jaunes d'œufs, le sel et le poivre.
Travailler à la fourchette pour avoir un mélange homogène.

Plonger 3 à 4 minutes les feuilles de pâte dans l'eau bouillante salée additionnée d'une cuillerée d'huile d'olive.
Les égoutter, les passer sous l'eau froide, les détacher et les poser sur un torchon.
Dans un plat à four rectangulaire de 30 cm sur 20, mettre une louche de sauce et une d'eau de cuisson des pâtes.
Mettre une première couche de feuilles en les faisant chevaucher (en principe 4 feuilles par couche).
Verser une louche de sauce, l'étaler puis déposer des cuillerées à soupe de la farce sur toute la surface.
Recouvrir d'une couche de feuilles et recommencer l'opération.
Terminer par une couche de feuilles bien arrosée de sauce.
Saupoudrer avec le parmesan râpé. Couvrir et mettre à four préchauffé (thermostat 5) pendant 30 minutes. Découvrir 10 minutes avant la fin.
Servir chaud.

Il est possible d'utiliser les feuilles de lasagnes sans les précuire mais elles sont bien meilleures au goût si elles ont été plongées quelques minutes dans l'eau bouillante.
C'est un plat complet qui peut paraître long à réaliser mais qui a l'avantage de pouvoir être préparé à l'avance.
Je prépare les épinards et la sauce la veille. Souvent, j'utilise de la sauce que j'ai préparée l'été et congelée.
Le matin, j'ébouillante les feuilles de lasagnes tout en préparant la farce. Je prépare le plat à gratiner.
Ainsi, il ne me reste plus qu'à le mettre au four environ une heure avant de passer à table.

Salade de pâtes à la napolitaine

Pour 4 personnes

4 tomates bien fermes
1 concombre
1 botte de radis roses
2 échalotes
1 douzaine d'olives noires dénoyautées
1 bouquet de persil plat
100 g de parmesan
vinaigrette
sel et poivre

500 g de pâtes courtes

Laver les tomates, les essuyer, les ouvrir pour ôter les graines et les découper en petits dés. Peler le concombre et le détailler en minces rondelles. Éplucher les échalotes et les émincer en fines rondelles. Laver les radis et les couper en rondelles. Hacher finement le persil.
Verser la vinaigrette dans un saladier. Y verser les légumes, les olives et le parmesan détaillé en copeaux. Saler, poivrer, remuer et garder au frais.
Faire cuire les pâtes dans l'eau bouillante salée additionnée d'une cuillerée à soupe d'huile d'olive. Les égoutter, les rafraîchir en les passant sous le robinet d'eau froide.
Les verser dans le saladier, mélanger.
Servir froid.

C'est une salade très appréciée et un plat complet pour un déjeuner d'été.
Je prépare la vinaigrette dans un shaker vinaigrette. Je mélange 1 couvercle d'eau, 1 d'huile d'olive, 1 de vinaigre de vin. J'ajoute une cuillerée à soupe de moutarde, du sel et du poivre. Je ferme et j'agite.
Ainsi j'ai toujours de la vinaigrette prête à l'emploi dans le réfrigérateur.

Riz gratiné à la mozzarella et aux olives

Pour 4 personnes	*3 poivrons rouges* *4 tomates* *3 échalotes* *3 gousses d'ail* *2 cuillerées à soupe de câpres fines* *20 olives noires dénoyautées* *400 g de mozzarella* *50 g de parmesan râpé* *thym frais* *une noix de beurre* *huile d'olive* *sel et poivre* *Riz (suivant votre choix) : environ 300 g*

Peler les échalotes, les découper en rondelles. Peler les gousses d'ail, les couper en 4. Peler les tomates, les vider, les couper en morceaux. Couper les pédoncules des poivrons, les ouvrir, ôter les graines et les filaments de l'intérieur, les découper en petits morceaux.

Dans la sauteuse, faire chauffer 3 cuillerées à soupe d'huile d'olive, ajouter les échalotes, laisser dorer à feu doux quelques minutes, ajouter les poivrons et l'ail. Couvrir et laisser étuver 10 minutes. Ajouter les tomates, le sel, le poivre et le thym émietté. Laisser cuire encore 10 minutes puis ajouter les câpres et les olives. Si nécessaire ajouter un peu d'eau. Bien mélanger et laisser encore 5 minutes sur le feu.

Faire cuire le riz dans l'eau bouillante salée. Bien l'égoutter. Ajouter une noix de beurre. Remuer.

Huiler un plat à four. Mettre une couche de riz, couvrir avec la moitié du contenu de la sauteuse, puis avec la moitié de la mozzarella coupée en fines tranches. Refaire un autre couche identique. Saupoudrer avec le parmesan râpé et faire gratiner 15 minutes à four moyen.

Servir bien chaud.

Riz aux fruits secs

Pour 4 personnes

2 échalotes
50 g de raisins secs
50 g d'amandes décortiquées
50 g de pistaches décortiquées
50 g de pignons
50 g de noix de cajou
50 g de cerneaux de noix
1 cuillerée à café de Colombo
1 pincée de safran en poudre
huile d'olive
sel et poivre
Riz (suivant votre choix) : environ 300 g

Faire gonfler les raisins dans de l'eau chaude. Concasser les fruits secs.
Dans un faitout, mettre 3 cuillerées à soupe d'huile d'olive à chauffer, y délayer la pincée de safran, ajouter le riz et remuer jusqu'à ce qu'il absorbe toute l'huile. Puis ajouter l'eau, deux volumes d'eau pour un de riz. Saler peu. Laisser cuire le temps nécessaire suivant la qualité de riz choisi.
Dans une sauteuse, faire fondre à feu doux, dans 2 cuillerées à soupe d'huile d'olive, les échalotes épluchées et coupées en fines rondelles. Ajouter la poudre Colombo, le sel et le poivre puis les raisins égouttés et tous les fruits secs concassés. Remuer, ajouter un peu d'eau et laisser 5 minutes sur le feu.
Lorsque le riz est prêt, l'ajouter dans la sauteuse, mélanger bien le tout en maintenant la sauteuse sur feu doux encore 5 minutes environ.
Servir bien chaud.

Pour faciliter ma préparation, j'utilise des sachets de mélange de fruits secs pour apéritifs.
Par contre, je fais alors attention à la quantité de sel. Je sale à peine l'eau de cuisson du riz.

Riz au potiron

Pour 4 personnes

1 belle tranche de potiron
3 échalotes
1 verre de vin blanc
huile d'olive
sel et poivre
noix muscade
50 g de parmesan râpé
Riz (suivant votre choix) : environ 300 g

Enlever l'écorce du potiron, le faire cuire à la vapeur ou dans de l'eau bouillante salée.
Dans une sauteuse, faire chauffer 4 cuillerées à soupe d'huile d'olive, ajouter les échalotes épluchées et émincées, les laisser dorer.
Ajouter le potiron cuit bien écrasé à la fourchette et le vin blanc.
Saler, poivrer, ajouter la pointe de noix de muscade. Porter à ébullition.
Ajouter le riz, bien remuer. Rajouter de l'eau peu à peu jusqu'à ce que le riz soit bien cuit.
Servir bien chaud avec du parmesan râpé.

Je préfère utiliser du riz grains ronds comme pour le risotto pour qu'il soit plus moelleux.

Mon risotto

Pour 4 personnes

1 kg de petits pois frais
300 g de champignons de Paris
2 échalotes
1 branche de céleri
1 petit bouquet de cerfeuil
50 g de parmesan râpé
1 litre de bouillon aux légumes (2 cubes)
huile d'olive
sel et poivre
300 g de riz grains ronds

Écosser les petits pois.
Couper le pied des champignons et les rincer. Les couper en lamelles. Les mettre dans une poêle couverte, 5 minutes à feu doux, pour leur faire rendre leur eau de végétation. Les réserver.
Éplucher les échalotes et les couper en rondelles.
Couper la branche de céleri en dés.
Dans une sauteuse, faire chauffer 4 cuillerées à soupe d'huile d'olive, faire revenir les échalotes à feu doux, ajouter le céleri et le cerfeuil ciselé. Laisser étuver 3 minutes.
Ajouter les petits pois, remuer, couvrir et laisser 5 minutes.
Ajouter le riz. Remuer bien pendant 2 minutes puis mouiller avec le bouillon aux légumes. Saler et poivrer.
Laisser cuire 15 à 20 minutes jusqu'à ce que le riz et les petits pois soient tendres.
5 minutes avant la fin de cuisson, ajouter les champignons. Remuer.
Servir chaud avec le parmesan râpé présenté dans un ravier.

Plats complets

- Lentilles aux carottes et aux épinards
- Mon couscous aux légumes
- Couscous printanier
- Couscous tunisien
- Ma moussaka aux œufs
- Aubergines farcies à la sauce tomate
- Aubergines à la mozzarella
- Tomates farcies aux herbes de la garrigue
- Rouleaux d'aubergines à la ricotta
- Mes courgettes farcies
- Tian aux amandes
- Farcis à la niçoise
- Gratin aux deux purées et au parmesan
- Oseille aux œufs durs
- Côtes de blettes en gratin au roquefort
- Quenelles nature à la sauce aux olives vertes
- Cœurs d'artichauts farcis sur gratin de pommes de terre
- Potée aux artichauts et aux fèves
- Ma paella aux légumes
- Clafoutis aux pointes d'asperges
- Gratin de pommes de terre nouvelles et de tomates
- Gratin de pommes de terre nouvelles et d'épinards
- Croquettes aux épinards
- Fèves fraîches aux épices
- Petits pois au lait
- Gratin de chou-fleur à la tomate
- Cake aux deux olives
- Aïoli aux légumes de saison
- Omelette à la mozzarella
- Croûte aux petites asperges vertes

Lentilles aux carottes et aux épinards

Pour 4 personnes

500 g de carottes
500 g d'épinards
500 g de lentilles vertes du Puy
3 échalotes
2 gousses d'ail
huile d'olive
sel et poivre

Gratter les carottes, les découper en grosses rondelles.
Trier, équeuter et laver les feuilles d'épinards.
Peler les échalotes et les couper en rondelles.
Peler l'ail.
Rincer les lentilles à l'eau.

Dans une cocotte en fonte, faire dorer les échalotes à feu doux dans 3 cuillerées à soupe d'huile d'olive, ajouter l'ail et les carottes, les laisser étuver 10 minutes puis couvrir d'eau, ajouter le sel et le poivre et laisser cuire 20 minutes.
Ajouter les épinards hachés grossièrement et laisser cuire encore 10 minutes.
Par ailleurs, cuire les lentilles dans de l'eau légèrement salée 20 à 25 minutes. Prélever deux louches d'eau de cuisson des lentilles et les verser dans la cocotte puis égoutter les lentilles.
Ajouter les lentilles dans la sauteuse, mélanger et laisser encore 5 minutes sur le feu.
Servir bien chaud.

Mon couscous aux légumes

Pour 4 personnes

500 g de carottes
4 petits navets
1 petit chou vert
1 cardon (facultatif) + 1 citron
4 courgettes
4 pommes de terre moyennes
5 tomates pelées
4 échalotes
4 gousses d'ail
huile d'olive
sel, poivre et épices pour couscous

500 g de graines de couscous moyennes

Préparer tous les légumes.
Gratter les carottes et les couper en deux dans le sens de la longueur. Éplucher les navets, les laisser entiers s'ils sont petits ou les couper en deux. Gratter les courgettes et les couper en tronçons. Éplucher les pommes de terre et les laisser entières.
Faire cuire le chou coupé en quartiers dans de l'eau bouillante salée pendant 10 minutes. Faire de même pour les côtes du cardon en ajoutant le jus d'un citron. Mettre en attente.
Dans une grande sauteuse, faire revenir dans 3 cuillerées à soupe d'huile d'olive les carottes et les navets. Les retirer et les remplacer par les pommes de terre et les courgettes. Mettre en attente.
Rajouter un peu d'huile dans la sauteuse et y faire revenir les échalotes puis les gousses d'ail entières. Ajouter les tomates pelées, le sel, le poivre et les épices pour couscous. Laisser mijoter 10 minutes.
Remplir à mi-hauteur, avec de l'eau, le compartiment inférieur du couscoussier et le mettre sur le feu. Dès que l'eau est chaude, y verser le contenu de la sauteuse, ajouter les carottes et les navets et laisser cuire 15 minutes.

Préparer la graine de couscous.
Dans un grand plat, verser la graine de couscous. Prélever du bouillon dans la marmite et l'arroser copieusement tout en remuant puis la déposer dans le compartiment perforé du couscoussier.
Plonger tous les autres légumes dans la marmite, ajouter un bol d'eau si nécessaire et rectifier l'assaisonnement.
Poser le compartiment avec la graine au-dessus de la marmite et laisser cuire à la vapeur sans couvrir pendant 25 minutes.
Arrêter le feu. À l'aide d'une fourchette aérer les grains.
Verser la graine dans un grand plat creux, bien l'arroser avec du bouillon en remuant puis garnir le tour du plat avec un assortiment de légumes.
Couvrir avec un torchon propre et laisser reposer 10 minutes.
Servir en présentant dans un autre plat les légumes restants et dans un grand bol, le reste du bouillon.

Si vous ne disposez pas d'un couscoussier, utilisez un faitout pour cuire les légumes puis préparez la graine de couscous ainsi : mettez 1/2 litre de bouillon dans une casserole et amenez à ébullition.
Arrêtez le feu. Versez la graine de couscous en pluie dans la casserole. Couvrez et laissez gonfler 5 minutes puis remuez avec une fourchette pour détacher les grains.

Couscous printanier

Pour 4 personnes

1 kg petits pois frais
1 kg de fèves fraîches
8 artichauts poivrades
4 oignons blancs
huile d'olive
500 g de graines de couscous moyennes

Écosser les petits pois et les fèves. Couper les feuilles des artichauts à mi-hauteur. Laver les artichauts et les plonger quelques instants dans de l'eau additionnée de jus de citron. Peler les oignons et les couper en rondelles. Dans une sauteuse, mettre 4 cuillerées à soupe d'huile d'olive à chauffer, ajouter les oignons et les faire dorer à petit feu. Mettre les petits pois, les fèves et les artichauts, saler, poivrer et faire étuver 10 minutes.
Remplir à mi-hauteur, avec de l'eau, le compartiment inférieur du couscoussier et le mettre sur le feu. Dès que l'eau est chaude, y verser le contenu de la sauteuse. Laisser bouillir 15 minutes. Préparer la graine. Dans un grand plat, verser la graine de couscous. Prélever du bouillon dans la marmite et l'arroser copieusement tout en remuant puis la déposer dans le compartiment perforé du couscoussier. Poser le compartiment avec la graine au-dessus de la marmite et laisser cuire à la vapeur sans couvrir pendant 25 minutes. Arrêter le feu. À l'aide d'une fourchette aérer les grains.
Verser la graine dans un grand plat creux, l'arroser avec du bouillon. Prélever à l'aide d'une écumoire la moitié des petits pois et des fèves et les incorporer à la graine en mélangeant bien. Déposer autour du plat, les artichauts. Couvrir avec un torchon propre et laisser reposer 10 minutes. Servir bien chaud en présentant, dans un grand bol, le reste du bouillon avec les petits pois et les fèves.

Lorsqu'apparaissent sur les étals des marchés les premiers petits pois, les fèves et les artichauts poivrades, je me fais une joie de préparer ce couscous car c'est un régal et un signe, le printemps est là.

Couscous tunisien

Pour 4 personnes

1 botte de carottes nouvelles
4 tomates
4 oignons nouveaux
4 poivrons rouges
1 belle tranche de potiron
100 g de pois chiches en boîte
5 gousses d'ail
1 bouquet de persil
épices pour couscous
1 dose de safran
huile d'olive
sel et poivre
500 g de graines de couscous moyenne

Gratter les carottes. Les couper en 2 dans le sens de la longueur.
Peler les tomates et les couper en morceaux.
Peler les oignons et les découper en rondelles.
Dans une sauteuse, mettre 4 cuillerées à soupe d'huile d'olive à chauffer sur feu doux, ajouter les oignons et les carottes, faire revenir quelques minutes à couvert. Ajouter les tomates.
Préparer un hachis avec l'ail et le persil, en ajouter la moitié dans la sauteuse ainsi que les épices, le safran, le sel et le poivre.
Laisser mijoter 10 minutes.
Remplir à mi-hauteur, avec de l'eau, le compartiment inférieur du couscoussier et le mettre sur le feu.
Dès que l'eau est chaude, y verser le contenu de la sauteuse et les pois chiches égouttés et rincés. Laisser bouillir 15 minutes.
Préparer la graine.
Dans un grand plat, verser la graine de couscous. Prélever du bouillon dans la marmite et l'arroser copieusement tout en remuant puis la déposer dans le compartiment perforé du couscoussier.
Poser le compartiment avec la graine au-dessus de la marmite et laisser cuire à la vapeur sans couvrir pendant 25 minutes.

À mi-cuisson, ôter le compartiment perforé et le déposer sur une assiette, ajouter la deuxième moitié du hachis ail et persil, arroser de bouillon, rectifier l'assaisonnement si nécessaire, bien remuer et remettre en place pour poursuivre la cuisson.
Pendant ce temps, couper les poivrons égrenés en deux et les faire frire dans une poêle.

Couper en tranches minces le potiron et le faire frire également. Saler et poivrer et tenir au chaud.
Lorsque la graine de couscous est prête, arrêter le feu. À l'aide d'une fourchette aérer les grains.
Verser la graine dans un grand plat creux, l'arroser avec du bouillon, décorer avec des carottes, quelques tranches de potiron, et la moitié des poivrons.
Couvrir avec un torchon propre et laisser reposer 10 minutes.
Présenter les légumes frits dans un plat.
Mettre le reste de bouillon avec carottes et pois chiches dans un légumier.
Servir bien chaud.

Pour donner une note plus exotique, je prépare une sauce très épicée pour les amateurs.
Je verse une partie du bouillon dans une casserole et j'ajoute une bonne cuillerée à soupe d'harissa.
Tout en remuant, je fais bouillir doucement cinq minutes. Je présente dans un bol à part.

Ma moussaka aux œufs

Pour 4 personnes

1,5 kg d'aubergines
1,5 kg de tomates
4 échalotes
4 gousses d'ail
1 bouquet de basilic
6 œufs
200 g de parmesan râpé
huile d'arachide pour la friture
huile d'olive pour la sauce
sel et poivre

Ôter les extrémités des aubergines puis les couper en quatre dans le sens de la longueur puis en tronçons. Les faire frire par petites quantités dans la friture chaude.

Faire la sauce tomate comme suit : bien laver les tomates, les couper en gros morceaux, les mettre dans un faitout avec un demi-verre d'eau, les faire cuire 10 minutes à feu doux, les passer au moulin à légumes avec la grille la plus fine. Dans le faitout, mettre 3 cuillerées à soupe d'huile d'olive, la faire chauffer à feu doux 2 minutes, ajouter les échalotes émincées, les laisser fondre et dorer sans brûler, ajouter les gousses d'ail puis le coulis de tomate. Incorporer le sucre, le sel, le poivre et les feuilles de basilic. Laisser réduire de moitié.

Battre les œufs en omelette. Dans un récipient mélanger les aubergines, la moitié du parmesan râpé, la sauce tomate (en garder quelques cuillerées) et les œufs battus.

Verser la sauce réservée dans le fond du plat à gratin puis la préparation. Saupoudrer avec le reste de parmesan râpé et faire gratiner à four moyen (thermostat 5) pendant 20 à 25 minutes.

A la friture, les aubergines absorbent énormément d'huile. Aussi, je fais toujours frire les aubergines la veille et je les dépose dans une passoire placée au-dessus d'un grand bol. Ainsi, elles auront rendu presque toute l'huile et le plat sera bien moins gras.

Aubergines farcies à la sauce tomate

Pour 4 personnes

4 aubergines rondes
brins de persil
6 gousses d'ail
50 g de parmesan
huile pour friture

sauce tomate
1,5 kg de tomates
4 échalotes
4 gousses d'ail
1 bouquet de basilic
1 morceau de sucre
huile d'olive

Ôter les extrémités des aubergines. Faire 3 fentes dans le sens de la hauteur à chacune. Hacher menu le persil et l'ail. Couper le fromage en fines lamelles. Dans chaque fente introduire un peu du hachis et quelques lamelles de fromage.
Dans une sauteuse mettre 4 cuillerées d'huile d'olive à chauffer puis faire dorer les aubergines à petit feu en les tournant souvent.
Faire la sauce tomate comme suit : bien laver les tomates, les couper en gros morceaux, les mettre dans un faitout avec un demi-verre d'eau, les faire cuire 10 minutes à feu doux, les passer au moulin à légumes avec la grille la plus fine. Dans le faitout, mettre 3 cuillerées à soupe d'huile d'olive, la faire chauffer à feu doux 2 minutes, ajouter les échalotes émincées, les laisser fondre et dorer sans brûler, ajouter les gousses d'ail puis le coulis de tomate. Incorporer le sucre, le sel, le poivre et les feuilles de basilic. Laisser réduire de moitié.
Mettre les aubergines rôties dans la sauce tomate et laisser cuire encore 15 minutes. Servir chaud.

Pour un repas complet, je fais cuire soit des spaghetti soit du riz que j'arrose avec une partie de la sauce tomate. Je présente un ravier avec du parmesan râpé.

Aubergines à la mozzarella

Pour 4 personnes	*1 kg d'aubergines* *250 g de mozzarella* *1 kg de tomates* *2 échalotes* *1 bouquet de basilic* *50 g de parmesan râpé* *huile d'olive* *huile pour friture* *sel et poivre*

Ôter les extrémités des aubergines et les détailler en rondelles de 1 cm d'épaisseur. Les faire frire et les mettre à égoutter dans une passoire pour qu'elles rendent l'huile absorbée pendant la friture. Tremper quelques minutes les tomates dans de l'eau bouillante pour pouvoir les peler facilement. Les ouvrir pour retirer les graines et les couper en morceaux. Éplucher les échalotes et les hacher grossièrement.

Dans une cocotte mettre 3 cuillerées à soupe d'huile d'olive à chauffer sur feu doux, faire dorer les échalotes et les gousses d'ail coupées en 4, ajouter les tomates et la moitié des feuilles de basilic hachées. Saler et poivrer. Laisser mijoter 15 minutes.

Détailler la mozzarella en lamelles.

Dans un plat à gratin, mettre 2 bonnes louches de sauce tomate pour bien garnir le fond du plat. Puis mettre une couche de rondelles d'aubergines, une couche de lamelles de mozzarella, arroser de sauce tomate, parsemer de basilic haché. Faire une deuxième couche identique.

Couvrir de parmesan râpé et faire gratiner à four chaleur moyenne (thermostat 5) pendant 15 minutes. Servir chaud ou tiède.

Comme à chaque fois que j'utilise des aubergines frites pour une recette, je fais cette opération la veille ce qui allège beaucoup la préparation.

Tomates farcies aux herbes de la garrigue

4 tomates moyennes bien rondes à farcir
+ 2 pour la sauce
125 g de tofu
50 g de chapelure
2 échalotes
1 bouquet de persil plat
herbes de la garrigue (1 brin de thym, 1 brin d'origan et 1 de romarin)
1 œuf
sel et poivre

Couper le chapeau des tomates et les vider délicatement. Réserver la pulpe retirée en éliminant les graines.
Râper le tofu.
Dans un bol, mettre le tofu, la chapelure, le persil haché, l'œuf, un peu de sel et de poivre. Bien mélanger.
Remplir les tomates avec la farce, remettre le chapeau.
Dans une sauteuse, faire chauffer 3 cuillerées à soupe d'huile d'olive sur feu doux, ajouter les échalotes hachées grossièrement, les laisser dorer, puis ajouter les 2 tomates restantes pelées et coupées en petits morceaux ainsi que la pulpe réservée. Ajouter les herbes de la garrigue.
Faire mijoter 10 minutes.
Déposer les tomates farcies dans la sauteuse, couvrir et laisser mijoter environ 15 minutes (les tomates doivent être cuites sans se défaire).
Servir bien chaud.

Rouleaux d'aubergines à la ricotta

Pour 4 personnes

4 aubergines de taille moyenne
250 g de ricotta
50 g de parmesan râpé
1 oeuf
1 petit bouquet de ciboulette
1 kg de tomates
2 échalotes
3 gousses d'ail
1 bouquet de basilic
huile d'olive
sel et poivre

Préparer la sauce tomate comme suit :
Bien laver les tomates - les couper en gros morceaux - les mettre dans un faitout avec un peu d'eau (un demi-verre) les faire cuire 10 minutes à feu doux - les passer au moulin à légumes avec la grille la plus fine pour obtenir un coulis.

Dans le faitout, mettre 3 cuillerées à soupe d'huile d'olive, la faire chauffer à feu doux 2 minutes, ajouter les échalotes émincées, les laisser fondre et dorer sans brûler, ajouter les gousses d'ail entières puis le coulis de tomate.
Ajouter le sucre, le sel, le poivre et les feuilles de basilic.
Laisser réduire de moitié.
Ôter les extrémités des aubergines, les couper en tranches d'un centimètre d'épaisseur dans le sens de la longueur.
Les déposer dans la lèchefrite légèrement huilée en une seule couche, les badigeonner avec un peu d'huile d'olive et les faire cuire à four chaud (thermostat 7) pendant 5 minutes environ, juste le temps de les ramollir.
Les couvrir et les laisser refroidir.

Préparer la farce : mettre la ricotta dans un récipient, ajouter l'œuf et la ciboulette hachée finement, le sel et le poivre.
Bien mélanger pour obtenir une crème.
Étaler sur la partie centrale de chaque tranche d'aubergine une cuillerée de farce. La rouler en commençant par la partie la plus étroite.
Dans un plat à four, mettre la sauce tomate, y déposer les rouleaux d'aubergines, saupoudrer de parmesan râpé. Faire gratiner 15 minutes à four moyen (thermostat 5).
Servir chaud.

Il faut choisir des aubergines fermes avec un pédoncule bien vert pour qu'elles n'aient pas trop de graines sinon il n'est pas facile de les rouler.

Mes courgettes farcies

Pour 4 personnes

4 courgettes rondes de Nice moyennes
125 g de tofu
pain frais émietté
2 oignons frais
1 œuf
50 g de parmesan râpé
1 bouquet de persil
épice Colombo
Pour la sauce :
3 ou 4 tomates, 2 oignons frais, 1 bouquet de basilic, épice Colombo

Ôter les extrémités des courgettes. Les couper en deux dans le sens de la longueur. À l'aide d'une petite cuillère les creuser. Réserver la pulpe retirée. Dans une poêle, chauffer 2 cuillerées à soupe d'huile d'olive et mettre à dorer les oignons coupés en fines rondelles, ajouter la pulpe des courgettes et laisser fondre à feu doux en remuant souvent.
Dans un bol, mettre le pain émietté, le tofu écrasé à la fourchette, le persil haché, le contenu de la poêle égoutté, l'œuf, le fromage râpé, le sel, le poivre et une petite pincée de Colombo. Bien mélanger et farcir les demi-courgettes.
Préparer une sauce en ajoutant, aux oignons dorés dans une poêle dans 3 cuillerées à soupe d'huile d'olive, les tomates pelées, le basilic, le sel et une pointe de Colombo. Ajouter un peu d'eau et laisser mijoter 15 minutes à feu doux.
Mettre la sauce dans un plat à gratin. Déposer les courgettes farcies, arrosées d'un filet d'huile d'olive. Faire cuire à four thermostat 5 pendant 30 minutes environ (les courgettes doivent être bien tendres). Servir chaud.

Pour que les courgettes restent moelleuses, je couvre le plat les premières 15 minutes.

Tian aux amandes

Pour 4 personnes

4 aubergines
4 courgettes
4 tomates rondes
4 poivrons rouges
4 gousses d'ail
1 tasse d'amandes effilées
thym
huile d'olive
huile pour friture
une pincée de cumin
sel et poivre

riz : suivant votre choix 300 g environ

Ôter les extrémités des aubergines et des courgettes, les découper en rondelles d'un cm et les passer dans la friture juste le temps de les saisir de chaque côté. Les déposer sur du papier absorbant.
Peler les tomates et les ouvrir en deux, retirer les graines. Ôter le pédoncule des poivrons, les ouvrir pour retirer les graines et les parties blanches. Les couper en quatre. Faire chauffer 2 cuillerées à soupe d'huile d'olive sans une sauteuse, ajouter les poivrons et les faire revenir à feu doux 10 minutes.
Dans un faitout, faire chauffer 3 cuillerées à soupe d'huile d'olive, ajouter la pincée de cumin puis le riz, bien remuer et ajouter deux volumes d'eau pour un volume de riz ainsi que le sel.
Lorsque le riz est cuit, le verser dans un plat à four huilé et l'étaler uniformément.
Déposer dessus un rang de rondelles de courgettes, un rang de tomates, un rang d'aubergines et recommencer. Intercaler les poivrons. Saler, poivrer, répartir dessus le thym émietté, les amandes effilées, l'ail écrasé. Arroser d'un filet d'huile d'olive.
Faire cuire à four moyen (thermostat 5) pendant 30 minutes.
Servir chaud.

Farcis à la niçoise

Pour 4 personnes

2 courgettes moyennes
2 aubergines
2 poivrons rouges
1 tasse de pain frais émietté
2 oignons frais
2 œufs
150 g de parmesan râpé
1 bouquet de cerfeuil
huile d'olive
sel et poivre

Pour la sauce :
3 ou 4 tomates
2 oignons frais
1 cuillerée à soupe d'herbes de Provence
sel et poivre

Ôter les extrémités des courgettes. Les couper en deux dans le sens de la longueur, les ouvrir pour obtenir 4 moitiés avec chaque courgette. À l'aide d'une petite cuillère les creuser. Réserver la pulpe retirée.
Traiter de la même manière les aubergines.
Couper le haut des poivrons, retirer les graines et les parties blanches de l'intérieur. Les ouvrir en 2 dans le sens de la longueur. Jeter les pédoncules et hacher grossièrement la partie prélevée autour.
Dans une poêle, chauffer 4 cuillerées à soupe d'huile d'olive et mettre à dorer les oignons coupés en fines rondelles, ajouter le hachis de poivrons, la pulpe des courgettes et des aubergines. Laisser fondre à feu doux en remuant souvent.
Faire un hachis fin avec le cerfeuil.
Dans un bol, mettre le pain émietté, le hachis, le contenu de la poêle égoutté, les œufs, le fromage râpé, le sel et le poivre. Bien mélanger et farcir tous les légumes.

Préparer une sauce en ajoutant, aux oignons dorés dans une poêle dans 3 cuillerées à soupe d'huile d'olive, les tomates pelées, 1 cuillerée à soupe rase d'herbes de Provence, le sel et le poivre. Ajouter un peu d'eau et laisser mijoter 15 minutes à feu doux.

Mettre la sauce dans un plat à gratin. Déposer les farcis, arroser d'un filet d'huile d'olive.
Faire cuire à four thermostat 5 pendant 40 minutes environ. Couvrir pendant les 20 premières minutes.
Servir chaud.

J'achète des escalopes de céréales à la provençale (en magasin bio), je les passe à la poêle juste 2 minutes de chaque côté et je les sers avec les farcis.

Gratin aux deux purées et au parmesan

Pour 4 personnes

2 ou 3 têtes de brocolis (suivant grosseur)
500 g de pommes de terre à purée
1/4 de litre de lait
30 g de beurre
+ une noisette pour le plat à gratin
crème fraîche (3 cuillerées à soupe)
50 g de parmesan râpé
sel, poivre
une pincée de noix de muscade

Faire cuire les brocolis à la vapeur ou dans de l'eau bouillante salée 10 minutes. Bien les égoutter et les passer au moulin à légumes, ajouter la crème fraîche.
Préparer la purée de pommes de terre. Faire cuire les pommes de terre épluchées et coupées en morceaux à l'eau salée.
Les égoutter, les passer au moulin à légumes et ajouter le lait bouillant additionné de la pincée de muscade en remuant.
Verser la purée de brocolis dans le récipient contenant la purée de pommes de terre.
Ajouter le beurre, le poivre et mélanger bien.
Beurrer un plat à gratin. Y verser la purée. Bien l'étaler et, avec une fourchette, tracer des sillons puis saupoudrer avec le parmesan râpé.
Faire gratiner 10 à 15 minutes à four moyen.
Servir chaud.

Oseille aux œufs durs

Pour 4 personnes

500 g d'oseille
25 g de beurre
50 g de farine
1/4 litre de lait
3 cuillerées à soupe de crème fraîche
huile d'olive
sel et poivre
4 œufs durs

Bien laver les feuilles d'oseille. Retirer les côtes dures s'il y en a. Faire fondre l'oseille à feu doux dans une casserole avec très peu d'eau salée.

Préparer une sauce blanche. Faire un roux avec 3 cuillerées à soupe d'huile d'olive et la farine, mouiller avec le lait. Ajouter un peu d'eau si nécessaire. Saler et poivrer et laisser cuire 10 minutes.

Ajouter la purée d'oseille en remuant constamment.

Tout en continuant à remuer, incorporer le beurre par petites noisettes et la crème fraîche. Laisser chauffer sans bouillir 2 à 3 minutes.

Présenter les œufs durs avec la purée d'oseille bien chaude.

Côtes de blettes en gratin au roquefort

Pour 4 personnes	*1 pied de blette* *100 g de roquefort* *1 œuf* *1 verre de lait* *sel et poivre*

Bien laver les côtes. Retirer les filaments si nécessaires. Les découper en tronçons et les faire cuire à l'eau bouillante salée jusqu'à ce qu'elles soient tendres. Bien les égoutter.
Dans une casserole, mettre 1/2 verre de lait et y ajouter le fromage écrasé à la fourchette. Faire fondre à feu très doux en remuant constamment.
Beurrer un plat à gratin. Déposer les côtes de blettes. Ajouter le contenu de la casserole.
Battre en omelette l'œuf avec le lait restant. Saler et poivrer modérément. Verser dans le plat.
Faire gratiner à four chaud 5 minutes.
Servir aussitôt.

Quenelles nature à la sauce aux olives vertes

Pour 4 personnes

4 quenelles nature
4 tomates
3 oignons blancs
50 g de parmesan râpé
1 pincée d'épices Colombo
huile d'olive
sel et poivre

Peler les tomates. Les ouvrir, ôter les graines et les couper en morceaux.
Éplucher les oignons et les émincer.
Dans une sauteuse, chauffer l'huile d'olive, mettre les oignons et les laisser dorer à feu doux, ajouter les tomates, les olives dénoyautées, saler, poivrer, ajouter la pincée de Colombo, couvrir, et laisser mijoter 15 minutes en remuant de temps en temps.
Plonger les quenelles dans de l'eau bouillante salée pendant 5 minutes pour les faire gonfler. Les égoutter et les mettre dans le plat.
Saupoudrer avec le parmesan râpé.
Faire gratiner à four moyen pendant 10 à 15 minutes.
Servir chaud.

Les quenelles nature sont excellentes, elles sont faites à base de semoule de blé dur et de matière grasse végétale, cela donne un plat nourrissant mais léger. Je les achète dans les magasins de produits bio.

Cœurs d'artichauts farcis sur gratin de pommes de terre

Pour 4 personnes

4 artichauts violets moyens
150 g de tofu
2 tomates
30 g de parmesan
persil
2 gousses d'ail
1 citron
huile d'olive
25 g de beurre
sel et poivre

600 g de pommes de terre (charlotte ou belle de Fontenay)

Arracher, une à une, toutes les feuilles des artichauts jusqu'à ce qu'il ne reste plus que les cœurs.
Ôter le foin. Les laver et les faire cuire 30 minutes dans de l'eau citronnée et salée. Les égoutter.
Préparer la farce. Dans un bol mettre le tofu ainsi que les tomates préalablement découpées en petits dés et ajouter le parmesan coupé en lamelles, le persil et l'ail hachés, le sel et le poivre.
Remplir les cœurs d'artichauts.
Éplucher les pommes de terre. Les faire cuire à la vapeur 10 minutes environ. Les découper en rondelles.
Huiler un plat à gratin. Y déposer les rondelles de pommes de terre. Parsemer de noisettes de beurre. Couvrir à hauteur avec un peu d'eau. Saler et poivrer.
Mettre les cœurs d'artichauts farcis dans le plat. Arroser d'un filet d'huile d'olive.
Cuire à four moyen 20 minutes environ.
Servir chaud.

Potée aux artichauts et aux fèves

Pour 4 personnes

4 artichauts poivrades
1 kg de fèves fraîches
12 petits oignons nouveaux
1 citron
huile d'olive
grains de coriandre
sel et poivre

Laver les artichauts. Les couper aux 2/3 de la hauteur. Les recouper en quatre.
Retirer le foin. Les plonger dans l'eau citronnée.
Écosser les fèves.
Éplucher les petits oignons.
Dans une sauteuse, mettre 4 cuillerées à soupe d'huile d'olive à chauffer sur feu doux, ajouter les petits oignons, les faire revenir quelques minutes en remuant (ils ne doivent pas dorer) puis les quartiers d'artichauts égouttés et les fèves.
Couvrir et faire étuver 10 minutes en remuant souvent.
Ajouter 1 litre d'eau, le sel, le poivre et les grains de coriandre.
Laisser mijoter 30 minutes environ (les artichauts et les fèves doivent être bien tendres).
Servir tiède ou froid.

Si les fèves sont un peu dures, je retire la deuxième peau. C'est un peu long mais cela en vaut la peine.

Ma paella aux légumes

Pour 4 personnes	*1 kg de petits pois* *1 poivron rouge* *1 poivron jaune* *3 petites courgettes* *3 tomates* *2 oignons frais* *1 bouquet garni* *1 dose de safran* *huile d'olive* *sel et poivre* *250 g de riz*

Écosser les petits pois.
Couper les poivrons en lanières.
Ôter les extrémités des courgettes et les découper en petits cubes.
Peler les tomates, retirer l'eau et les graines et les couper en quartiers.
Éplucher les oignons et les couper en rondelles.
Dans un faitout, mettre 2 cuillerées à soupe d'huile d'olive à chauffer sur feu doux, ajouter les petits pois, les laisser étuver 3 minutes, ajouter le bouquet garni, le sel et le poivre, couvrir d'eau et laisser cuire jusqu'à ce que les petits pois soient tendres et l'eau entièrement évaporée.
Dans une sauteuse, faire chauffer 3 cuillerées à soupe d'huile d'olive et mettre les poivrons à cuire à feu doux et à couvert en remuant souvent.
Lorsque les poivrons sont cuits, les retirer et les réserver.
Mettre les cubes de courgettes à la place des poivrons, les faire cuire 5 minutes et les réserver.
Les remplacer dans la sauteuse par les oignons, les laisser revenir 5 minutes puis ajouter les tomates. Laisser cuire 10 à 15 minutes, jusqu'à évaporation de l'eau de végétation.

Verser tous les légumes réservés dans la sauteuse. Éteindre le feu.
Dans le faitout, faire chauffer 3 cuillerées à soupe d'huile d'olive, y délayer le safran puis ajouter le riz, remuer et laisser légèrement colorer.
Ajouter l'eau (2 volumes d'eau pour un volume de riz) le sel et le poivre.
Laisser cuire à feu doux jusqu'à ce que le riz soit presque cuit.

Verser le riz dans la sauteuse, mélanger bien et laisser encore 10 minutes à feu doux.

Servir chaud.

Si vous disposez d'un plat spécial à paella, vous pouvez y faire cuire les légumes les uns après les autres, puis le riz. La paella peut être ainsi préparée à l'avance et réchauffée au four au moment de servir.

Clafoutis aux pointes d'asperges

Pour 4 personnes

2 bottes d'asperges vertes
100 g de farine
1 verre de lait
4 œufs
50 g de parmesan râpé
1 pincée de muscade râpée
20 g de beurre pour le plat
sel et poivre

Laver les asperges, ne garder que les pointes. Les faire cuire à la vapeur. Les laisser égoutter et refroidir.
Casser les œufs dans un récipient, les battre en omelette doucement, ajouter la farine en remuant puis verser le lait progressivement et en remuant toujours, ajouter le sel, le poivre et la pincée de muscade râpée. Lorsque la pâte est bien lisse et fluide, incorporer le parmesan râpé.
Tapisser le fond d'un plat à gratin avec du papier cuisson, le beurrer légèrement, y verser la préparation puis les pointes d'asperges.
Cuire à four moyen 30 minutes.
Servir chaud.

Gratin de pommes de terre nouvelles et de tomates

Pour 4 personnes

500 g de pommes de terre nouvelles
4 belles tomates rondes
4 oignons nouveaux
3 gousses d'ail
4 cuillerées à soupe de chapelure
1 bouquet de persil
thym frais
huile d'olive
sel et poivre

Éplucher les pommes de terre et les découper en rondelles minces. Éplucher les oignons et les découper en rondelles. Faire un hachis avec l'ail et le persil. Dans un bol, mettre le hachis, ajouter la chapelure, arroser avec un peu d'huile d'olive. Saler et poivrer. Bien mélanger.

Dans un plat à gratin, verser 1/2 verre d'eau et 2 cuillerées à soupe d'huile d'olive. Saler et poivrer. Déposer les rondelles de pommes de terre dans le plat, parsemer avec un peu de thym émietté. Ajouter les rondelles d'oignons. Mélanger. Faire cuire à four moyen 20 minutes environ.

Pendant ce temps, couper les tomates en deux. Ôter les graines délicatement. Les garnir avec le contenu du bol, tasser un peu pour le faire pénétrer.

Sortir le plat du four, remuer. Poser les tomates sur les pommes de terre. Arroser d'un filet d'huile d'olive. Remettre à four moyen 15 à 20 minutes.

Servir chaud.

Je passe les pommes de terre comme les oignons à la grille spéciale de ma râpe pour avoir des rondelles très fines qui cuisent bien.

Gratin de pommes de terre et d'épinards

Pour 4 personnes

1 kg de pommes de terre pour purée
500 g d'épinards
1/4 de litre de lait
250 g de ricotta
3 œufs
50 g de gruyère râpé
25 g de beurre
une pincée de muscade
sel et poivre

Éplucher les pommes de terre et les faire cuire soit à la vapeur soit à l'eau bouillante salée.
Préparer une purée en y ajoutant le lait, le beurre, la pincée de muscade.
Équeuter les épinards, les laver et les faire cuire soit à la vapeur soit à l'eau bouillante salée. Bien les égoutter.
Incorporer la ricotta et les œufs aux épinards. Bien mélanger.
Beurrer un plat à gratin. Déposer la moitié de la purée de pommes de terre, l'étaler, répartir dessus la préparation aux épinards, puis la deuxième moitié de purée.
Saupoudrer de gruyère râpé et cuire à four moyen 30 minutes environ.
Servir chaud.

Croquettes aux épinards

Pour 4 personnes

500 g d'épinards
3 oignons blancs
100 g de chapelure
50 g de parmesan râpé
2 œufs + 1
noix de muscade
sel et poivre
huile de friture

Nettoyer les épinards et les faire cuire à la vapeur. Bien les égoutter. Éplucher les oignons et les hacher finement.
Dans un bol, mettre les oignons hachés, la moitié de la chapelure, le fromage râpé, le sel, le poivre, la pincée de noix de muscade, les 2 œufs. Mélanger, ajouter les épinards, mélanger encore pour avoir une pâte consistante. Si besoin, ajouter encore un peu de chapelure.
Former des petites croquettes, les passer dans l'œuf battu puis dans la chapelure et les plonger dans la friture.
Les sortir et les déposer sur une assiette recouverte de papier absorbant.
Servir bien chaud.

Pour varier, je remplace les épinards par du vert de blettes, au goût plus fort.

Fèves fraîches aux épices

Pour 4 personnes

1 kg de fèves
3 oignons nouveaux
huile d'olive
1 cuillerée à soupe de cumin
1 cuillerée à soupe de Ras el hanout
sel et poivre

Écosser les fèves.
Éplucher les oignons et les couper en rondelles.
Dans une sauteuse, mettre 4 cuillerées à soupe d'huile d'olive à chauffer sur feu doux, ajouter les rondelles d'oignons, les faire rissoler quelques minutes sans les faire colorer, ajouter les deux cuillerées à soupe d'épices, remuer.
Ajouter les fèves, laisser étuver 5 minutes puis couvrir d'eau et laisser mijoter jusqu'à ce que les fèves soient bien tendres et l'eau évaporée.
Servir froid en entrée.

Pour un apéritif copieux, je sers les fèves aux épices avec des petits pics et aussi des carottes à l'orientale (voir recette page 37).

Petits pois au lait

Pour 4 personnes	*1 kg de petits pois* *2 oignons nouveaux* *25 g de beurre* *1 bouquet de feuilles de menthe fraîches* *1 morceau de sucre (facultatif)* *1 verre de lait* *sel et poivre*

Écosser les petits pois.
Éplucher les oignons et les couper en rondelles fines.
Dans une sauteuse, mettre le beurre à fondre à feu doux. Ajouter les oignons, les faire rissoler quelques minutes sans les faire colorer.
Ajouter les petits pois, laisser étuver 5 minutes, puis ajouter le lait, les feuilles de menthe ciselées, le sel, le poivre et un morceau de sucre éventuellement.
Laisser mijoter jusqu'à ce que les petits pois soient bien tendres. Ajouter un peu d'eau si nécessaire, mais en fin de cuisson, il ne doit rester que très peu de liquide.
Servir chaud.

Le goût du lait se marie fort bien avec les petits pois surtout s'ils sont bien frais et sucrés.

Gratin de chou-fleur à la tomate

Pour 4 personnes

1 chou-fleur
500 g de tomates
3 gousses d'ail
1 bouquet de persil
50 g de parmesan râpé
20 g de beurre
huile d'olive
sel et piment de Cayenne

Nettoyer le chou-fleur, le découper en bouquets et le faire cuire à la vapeur 5 à 10 minutes.
Peler les tomates, les vider, les couper en morceaux.
Dans une sauteuse, faire chauffer 4 cuillerées à soupe d'huile d'olive, ajouter une petite cuillerée à café de piment de Cayenne, puis les gousses d'ail pelées et grossièrement hachées, laisser une minute et ajouter les tomates. Saler.
Laisser mijoter 10 minutes à feu doux.
Ajouter les bouquets de chou-fleur bien égouttés, le persil haché et laisser encore 10 minutes à feu doux.
Beurrer un plat à gratin. Y verser la préparation.
Saupoudrer de parmesan râpé et faire gratiner à four chaud 10 minutes environ.
Servir chaud.

Cake aux deux olives

Pour 4 personnes

- *100 g d'olives noires dénoyautées*
- *100 g d'olives vertes dénoyautées*
- *100 g de provolone piquant (fromage italien)*
- *300 g de farine*
- *4 œufs*
- *1 sachet de levure*
- *huile d'olive*
- *beurre pour le moule*
- *sel et poivre*

Couper les olives en anneaux et le provolone en dés.
Dans un saladier, battre les œufs entiers au batteur électrique. Ajouter le sel, le poivre, 1/2 verre d'huile d'olive, les anneaux d'olives et les dés de provolone. Remuer à la fourchette.
Vider le sachet de levure dans la farine, mélanger.
Verser la farine dans le saladier en remuant pour bien l'incorporer à la préparation.
Beurrer un moule à cake. Y verser le contenu du saladier.
Préchauffer 10 minutes le four (thermostat 6, 180 °C). Enfourner le cake.
Au bout de 20 minutes, réduire la chaleur (thermostat 5) et poursuivre la cuisson pendant 40 minutes environ.
Vérifier la cuisson en enfonçant une lame de couteau qui doit ressortir sèche.
Démouler chaud avec précaution dans un plat à cake.
Servir tiède ou froid.

Aïoli aux légumes de saison

Pour 4 personnes

1 chou-fleur
2 ou 3 têtes de brocolis
2 bulbes de fenouil
4 carottes
4 petites courgettes
4 pommes de terre
400 g de haricots verts
1 barquette de tomates cerise
6 œufs

Sauce :
4 gousses d'ail
2 jaunes d'œufs
1/2 jus de citron
huile d'olive
sel et poivre de Cayenne

Éplucher, laver et faire cuire à la vapeur ou à l'eau salée tous les légumes. Les découper et les présenter dans un grand plat en mariant les couleurs. Cuire les œufs et les répartir dans le plat ainsi que les tomates cerise.

Préparer l'aïoli. Dans un mortier, écraser les gousses d'ail en pommade, ajouter le sel et le piment de Cayenne, puis les 2 jaunes d'œuf en remuant. Verser l'huile d'olive en filet en tournant comme pour la mayonnaise. Terminer en incorporant doucement le jus de citron.

Présenter le plat de légumes accompagné de l'aïoli.

Omelette à la mozzarella

Pour 4 personnes

8 œufs
2 cuillerées à soupe de crème fraîche
4 tomates
200 g de mozzarella
1 cuillerée à soupe de câpres
12 olives noires
thym
huile d'olive
sel et poivre

Préparer l'omelette avec les œufs, la crème, le sel et le poivre dans une poêle de 20 cm de diamètre. La glisser dans une tourtière de même diamètre.
Peler les tomates, les vider, les découper en rondelles minces. Les poser sur l'omelette.
Découper la mozzarella en fines lamelles, les répartir sur les tomates.
Compléter avec les câpres, les olives et le thym émietté. Arroser d'un filet d'huile d'olive.
Faire cuire à four moyen 25 minutes environ.
Servir chaud.
Ne faites pas trop cuire l'omelette car elle finira de cuire dans le four.

Croûte aux petites asperges vertes

Pour 4 personnes

1 ou 2 bottes de petites asperges vertes
3 cuillerées à soupe de crème fraîche
1 œuf
chapelure
30 g de farine
1/2 verre de lait
1/2 verre d'eau
huile d'olive
20 g de beurre
sel et poivre

Pâte brisée :
250 g de farine
125 g de beurre
une pincée de sel
1/2 verre d'eau tiède

Pétrir la pâte. L'abaisser et foncer un moule à tarte.
Préparer une sauce blanche assez épaisse. Faire chauffer 3 cuillerées à soupe d'huile d'olive, incorporer la farine en tournant pour éviter la formation de grumeaux. Mouiller avec le mélange lait et eau. Saler et poivrer.
Cuire les asperges dans l'eau bouillante salée ou à la vapeur. Les égoutter, couper les pointes et les ajouter à la sauce. Les laisser mijoter quelques minutes.
Hors du feu, incorporer la crème fraîche, l'œuf, sel et poivre. Mélanger délicatement.
Verser dans le moule beurré, saupoudrer de chapelure et parsemer de noisettes de beurre.
Cuire à four moyen 25 minutes.
Servir tiède.

Je coupe le reste des asperges en 2 ou 3 et j'en fais une omelette que je sers en entrée.

Légumes du soleil

- Cœurs d'artichauts à la sicilienne
- Poêlée d'aubergines au céleri
- Ratatouille ensoleillée
- Tomates à la provençale
- Petites courgettes à l'ail
- Courgettes au thym frais
- Méli-mélo de légumes d'été
- Le panaché de légumes de Sonia
- Boulettes aux champignons
- Laitues aux petits pois et aux carottes
- Mes fenouils à la grecque
- Brocolis à l'orange
- Chou-fleur à la ciboulette
- Haricots verts à la tomate

Cœurs d'artichauts à la sicilienne

Pour 4 personnes	*8 artichauts violets moyens* *3 gros oignons* *2 citrons* *huile d'olive* *sel et poivre*

Arracher, une à une, toutes les feuilles des artichauts jusqu'à ce qu'il ne reste plus que les cœurs. Couper les cœurs dans le sens de la hauteur, retirer le foin. Les débiter en quartiers, les mettre dans un récipient avec de l'eau additionnée d'un jus de citron.
Préparer les oignons, les couper en rondelles.
Peler les citrons, retirer les pépins, les couper en fines rondelles.
Dans une sauteuse, mettre 4 cuillerées à soupe d'huile d'olive, faire à peine chauffer, ajouter les oignons, les laisser dorer à petit feu 10 minutes.
Ajouter les quartiers d'artichauts égouttés et les rondelles de citrons.
Laisser mijoter à petit feu jusqu'à ce que les artichauts soient bien tendres, rajoutez éventuellement un peu d'eau (comptez 30 à 40 minutes de cuisson).
Servir froid.

Je prépare ainsi les cœurs d'artichauts pour faire une entrée mais le plus souvent, je double les quantités et j'en garde la moitié que je sers en accompagnement d'œufs frits. Cela fait un bon plat pratique car on peut le préparer à l'avance.

Poêlée d'aubergines au céleri

Pour 4 personnes

4 aubergines moyennes
4 tomates moyennes
3 oignons blancs
20 olives noires
2 branches de céleri
huile d'olive
sel et poivre

Peler les tomates, les vider et les couper en morceaux.
Éplucher les oignons et les couper en rondelles.
Ôter les extrémités des aubergines et les couper en tronçons.
Dans une poêle, faire chauffer 4 cuillerées à soupe d'huile d'olive sur feu doux, ajouter les oignons et les faire revenir jusqu'à ce qu'ils soient à peine dorés.
Ajouter les tomates, les feuilles de céleri ciselées, laisser mijoter 10 minutes puis ajouter les aubergines. Saler et poivrer.
Faire cuire à couvert pendant 25 minutes environ en remuant souvent.
5 minutes avant la fin de cuisson, ajouter les olives noires.
Servir chaud ou tiède.

Ajouter les aubergines crues dans la sauce leur permet de garder tout leur goût qui se marie bien avec le goût du céleri. Cela dit, il faut aimer car c'est vraiment fort en goût !

Ratatouille ensoleillée

Pour 4 personnes

3 aubergines
3 courgettes
2 poivrons rouges
1 poivron vert
4 tomates rondes
3 oignons blancs nouveaux
4 gousses d'ail
1 botte de basilic
huile d'olive

Ôter les extrémités des aubergines et des courgettes et les découper en morceaux. Ôter les pédoncules des poivrons, retirer les graines et les couper en lanières. Ébouillanter les tomates, les peler, les ouvrir, retirer les graines. Éplucher les oignons, les couper en rondelles. Éplucher l'ail, garder les gousses entières.
Dans une cocotte en fonte, chauffer 6 cuillerées à soupe d'huile d'olive à feu modéré. Faire revenir les aubergines, 5 à 6 minutes, les retirer. Ajouter 3 à 4 cuillerées d'huile d'olive, remplacer les aubergines par les courgettes puis par les poivrons. Faire égoutter au fur et à mesure.
Mettre les oignons à dorer à feu doux avec les gousses d'ail entières. Ajouter les tomates, les feuilles de basilic, le sel et le poivre.
Laisser mijoter 10 minutes puis ajouter tous les légumes et continuer la cuisson, à couvert, pendant 30 minutes. Remuer souvent en faisant glisser l'eau du couvercle dans la cocotte. Si nécessaire, ajouter un demi-verre d'eau.
Servir tiède ou froid.

Souvent, je fais pocher un œuf par personne dans la ratatouille juste quelques minutes avant la fin de cuisson. Ensuite je les retire délicatement avec l'écumoire, je les dépose sur le plat de service et je verse la ratatouille autour.

Tomates à la provençale

Pour 4 personnes

4 tomates rondes moyennes
3 gousses d'ail
1 bouquet de persil
50 g de chapelure fine
1 cuillerée à soupe d'herbes de Provence séchées
huile d'olive
sel et poivre

Ôter les chapeaux des tomates, les vider.
Préparer un hachis fin avec les gousses d'ail et le persil, le mélanger avec la chapelure, un peu d'huile d'olive et le sel et le poivre.
Remplir les tomates avec ce mélange. Remettre les chapeaux.
Huiler un plat à gratin, y déposer les tomates. Les arroser avec un filet d'huile d'olive et les saupoudrer avec les herbes de Provence.
Les faire gratiner à four moyen 20 minutes.
On peut aussi les faire cuire dans une poêle avec couvercle.
Servir chaud.

Je prépare du riz à la créole pour accompagner ces tomates.

Petites courgettes à l'ail

Pour 4 personnes	*1 kg de petites courgettes* *3 échalotes* *4 gousses d'ail* *1 bouquet de menthe fraîche* *huile d'olive* *sel et poivre*

Ôter les extrémités des courgettes, les détailler en rondelles épaisses (2 cm environ).
Éplucher les échalotes et les gousses d'ail.
Dans une sauteuse, mettre 3 cuillerées à soupe d'huile d'olive à chauffer, ajouter les échalotes et les faire fondre à feu doux.
Ajouter les rondelles de courgettes et les laisser dorer et cuire jusqu'à ce qu'elles soient tendres.
Remuer souvent.
Faire un hachis avec l'ail et la menthe.
5 minutes avant la fin de la cuisson, ajouter le hachis dans la sauteuse, saler et poivrer en mélangeant doucement.
Servir chaud.

Choisir des courgettes fermes, à la peau luisante. La couleur de la peau peut varier d'un vert foncé à un vert clair suivant la variété.

Courgettes au thym frais

Pour 4 personnes

1 kg de courgettes
500 g de tomates
3 échalotes
branches de thym frais
huile d'olive
sel et poivre

Ôter les extrémités des courgettes, les détailler en tronçons (en 4 dans le sens de la hauteur et puis encore en 4 ou 5).
Peler les tomates après les avoir plongées quelques instants dans de l'eau bouillante. Les ouvrir pour retirer les graines et les couper en morceaux.
Dans une sauteuse, faire chauffer 4 cuillerées à soupe d'huile d'olive, y mettre les échalotes coupées en rondelles, les faire dorer à feu doux, ajouter les courgettes et les faire également dorer 15 minutes environ.
Ajouter les tomates et le thym émietté. Saler et poivrer.
Laisser mijoter encore 10 minutes.
Servir chaud.

Méli-mélo de légumes d'été

Pour 4 personnes

500 g de courgettes
500 g d'aubergines
500 g de poivrons rouges
500 g de tomates
500 g de petites pommes de terre nouvelles
3 oignons frais
3 gousses d'ail
bouquet de persil ou de cerfeuil
1 pointe de piment de Cayenne
huile d'olive
sel et poivre

Découper en gros cubes les aubergines, les courgettes et les poivrons. Peler les tomates après les avoir plongées quelques instants dans de l'eau bouillante. Les ouvrir pour ôter les graines et les découper en morceaux. Éplucher les pommes de terre, les laisser entières si elles sont petites sinon les couper en morceaux. Éplucher les oignons et l'ail.
Dans une cocotte en fonte, faire revenir quelques minutes les courgettes, dans 6 cuillerées à soupe d'huile d'olive, les retirer et les remplacer par les aubergines puis par les poivrons. Les égoutter et les réserver. Ajouter 3 cuillerées à soupe d'huile d'olive, dans la cocotte mettre les oignons et les gousses d'ail entières, les laisser dorer à feu doux sans prendre couleur. Ajouter les tomates. Saler, poivrer et ajouter la pointe de piment de Cayenne. Laisser mijoter 10 minutes. Ajouter les pommes de terre, laisser encore 10 minutes. Puis ajouter tous les autres légumes. Laisser mijoter jusqu'à ce que tous les légumes soient bien tendres (environ 20 minutes).
Servir chaud saupoudré de persil ou de cerfeuil haché.

Le choix du pain est important pour accompagner les plats. Pour celui-ci, je choisis du pain bio aux céréales.

Le panaché de légumes de Sonia

Pour 4 personnes

1 botte de persil plat
500 g d'épinards
1 pied de blettes
4 artichauts violets moyens avec les queues
4 carottes
2 ou 3 navets
3 gousses d'ail
2 cuillerées à soupe de concentré de tomates
1 cuillerée à café de paprika
huile d'olive
sel

Trier, équeuter les épinards, les laver, les égoutter.
Prélever le vert des blettes. Réserver les côtes pour un autre plat.
Hacher grossièrement le persil, les épinards et les blettes.
Gratter les carottes, les découper en rondelles.
Éplucher les navets, les détailler en dés.
Préparer les cœurs d'artichauts. Arracher, une à une, toutes les feuilles des artichauts jusqu'à ce qu'il ne reste plus que les cœurs.
Ôter le foin. Les laver, les couper en deux et les faire tremper 10 minutes dans de l'eau citronnée et salée. Les égoutter.
Éplucher les queues des artichauts sur une dizaine de cm. Les couper en morceaux.
Dans une sauteuse, faire chauffer 4 cuillerées à soupe d'huile d'olive à feu doux. Ajouter le mélange, persil, épinards, blettes. Couvrir et laisser rendre l'eau de végétation pendant 5 à 6 minutes.
Ajouter le concentré de tomate, l'ail écrasé, le paprika, le sel. Remuer bien puis ajouter les carottes, les navets, les cœurs d'artichauts et les queues.
Laisser mijoter à couvert et à feu doux 30 minutes environ en remuant souvent. Si nécessaire, ajouter un peu d'eau.
Servir chaud.

Boulettes aux champignons

Pour 4 personnes

500 g de champignons de Paris frais
3 gousses d'ail
un bouquet de persil
50 g de parmesan râpé
50 g de chapelure
2 œufs
sel et poivre
huile d'olive
huile pour friture

Nettoyer les champignons, les émincer, les faire étuver avec un peu d'huile d'olive jusqu'à ce qu'ils rendent leur eau de végétation. Les égoutter. Les laisser refroidir. Les hacher menu.
Préparer un hachis avec l'ail et le persil.
L'ajouter aux champignons, ainsi que le fromage râpé et la chapelure, les œufs, le sel et le poivre. Mélanger pour avoir une pâte bien consistante. À défaut, ajouter encore un peu de chapelure.
Façonner de petites boulettes et les faire dorer dans la friteuse.
Les poser sur du papier absorbant pour ôter l'excédent d'huile.
Les servir bien chaudes.

Laitues aux petits pois et aux carottes

Pour 4 personnes	*4 petites laitues bien pommées* *1 kg de petits pois frais* *500 g de carottes nouvelles* *8 petits oignons nouveaux* *1 morceau de sucre* *huile d'olive* *sel et poivre*

Écosser les petits pois.
Gratter les carottes, les laver et les découper en bâtonnets.
Ôter les feuilles extérieures des laitues si elles sont endommagées. Bien les laver, les secouer pour éliminer l'eau.
Éplucher les oignons.
Dans une sauteuse, faire chauffer 4 cuillerées à soupe d'huile d'olive à feu doux, mettre les laitues entières à étuver quelques minutes. Les retirer et les réserver.
Dans la sauteuse, mettre les petits oignons, les carottes, les petits pois, bien remuer, couvrir, et laisser étuver 10 minutes avant d'ajouter 1/2 litre d'eau, le sucre, le sel et le poivre.
Faire mijoter 30 minutes environ (l'eau doit être presque entièrement évaporée).
Ajouter les laitues et prolonger la cuisson de 10 minutes.
Servir chaud.

Mes fenouils à la grecque

Pour 4 personnes

4 bulbes de fenouil
500 g de tomates
3 oignons
3 gousses d'ail
huile d'olive
grains de coriandre
sel et poivre

Nettoyer les fenouils, les couper en 4 et les faire cuire à la vapeur 20 minutes environ.
Peler les tomates, les vider et ôter les graines.
Éplucher les oignons et l'ail et les couper en petits morceaux.
Dans une sauteuse, faire chauffer 3 cuillerées à soupe d'huile d'olive à feu doux, ajouter les oignons et l'ail, laisser dorer quelques minutes.
Ajouter les tomates coupées en quartiers.
Saler, poivrer, ajouter les grains de coriandre. Laisser mijoter 15 minutes.
Ajouter un peu d'eau si nécessaire.
Déposer les fenouils dans la sauce et laisser encore cuire 10 à 15 minutes.
Servir tel quel ou avec du riz.

Brocolis à l'orange

Pour 4 personnes	*3 ou 4 têtes de brocolis suivant grosseur* *2 oranges* *1 échalote* *huile d'olive* *sel et poivre*

Détacher les bouquets de brocolis. Les laver et les faire cuire à la vapeur ou à l'eau bouillante salée.
Les égoutter.
Lever finement les zestes des 2 oranges, les hacher grossièrement et les passer au mini hachoir électrique.
Dans une sauteuse, faire chauffer, à feu doux, 3 cuillerées à soupe d'huile d'olive, mettre l'échalote épluchée et détaillée en fines rondelles à dorer sans roussir.
Presser le jus des oranges, y délayer les zestes hachés. Verser dans la sauteuse.
Saler et poivrer.
Laisser mijoter 10 minutes et ajouter les bouquets de brocolis. Laisser encore 5 minutes.
Servir chaud.

J'utilise, de préférence et suivant la saison, des oranges maltaises de Tunisie. Elles sont très juteuses et un peu acides, ce qui relève le goût des brocolis.

Chou-fleur à la ciboulette

Pour 4 personnes

1 chou-fleur
1 petit pot de crème fraîche
1 bouquet de ciboulette
sel et poivre.

Nettoyer le chou-fleur, le faire cuire soit à la vapeur soit dans de l'eau bouillante salée. Bien l'égoutter et détailler les bouquets dans le plat de service.
Laver la ciboulette, la hacher grossièrement puis la passer au hachoir électrique.
Mettre la crème à chauffer sur feu doux, ajouter le sel et le poivre.
Laisser chauffer sans bouillir 2 minutes puis ajouter la ciboulette hachée, remuer et verser sur le chou-fleur.
Servir aussitôt.

Haricots verts à la tomate

Pour 4 personnes

1 kg de haricots verts fins sans fil
500 g de tomates
3 échalotes
3 gousses d'ail
huile d'olive
sel poivre

Équeuter les haricots, les faire cuire dans de l'eau salée ou de préférence à la vapeur.
Peler les tomates, les couper en quartiers.
Éplucher les échalotes et les couper en rondelles.
Dans une sauteuse, faire chauffer 3 cuillerées à soupe d'huile d'olive, mettre les échalotes à dorer doucement puis l'ail coupé en petits morceaux.
Ajouter les tomates et laisser mijoter 30 minutes.
Mettre les haricots bien égouttés dans la sauce et laisser encore 10 minutes.
Servir chaud.

Lorsque je dispose de basilic frais, j'en ajoute d'abord dans la sauce puis je cisaille quelques feuilles et j'en parsème le plat juste avant de servir.

Barbecue

- Papillotes de pommes de terre à la lavande
- Fromage de chèvre en papillotes
- Méli-mélo de légumes en brochettes
- Courgettes grillées

Papillotes de pommes de terre à la lavande

Pour 4 personnes

4 grosses pommes de terre
4 cuillerées à soupe de crème fraîche
1 bouquet de ciboulette
sel et poivre
quelques brins de lavande (ou de thym)

Laver et essuyer les pommes de terre. Les fendre en deux au 2/3. Introduire un brin de lavande ou de thym. Les placer dans des carrés de papier cuisson et fermer les papillotes.
Les faire cuire dans les braises ou à four chaud 1 heure environ. Vérifier la cuisson en les piquant avec une fourchette.
Préparer la sauce en mélangeant la crème fraîche avec la ciboulette hachée finement, le sel et le poivre.
Servir les pommes de terre avec leur sauce en accompagnement des brochettes de légumes.

Si vous avez de la lavande dans votre jardin, essayez, vous verrez c'est très bon.

Fromage de chèvre en papillotes

Pour 4 personnes

1 fromage de chèvre en rouleau
4 petites tomates rondes
12 olives noires dénoyautées et hachées
herbes de Provence
huile d'olive
poivre

Préparer des papillotes dans du papier cuisson avec dans chacune une tranche épaisse de fromage, recouverte d'une rondelle de tomate, d'un peu d'olives hachées, du poivre, une pincée d'herbes de Provence, un filet d'huile d'olive.

Fermer les papillotes, les ranger sur le gril du barbecue et les faire cuire de 3 à 5 minutes suivant la chaleur des braises.

Méli-mélo de légumes en brochettes

Pour 4 personnes

3 tomates
3 poivrons rouges
3 oignons
2 douzaines de petits champignons de Paris frais

Marinade :
1 citron
3 cuillerées à soupe d'huile d'olive
1 pincée de piment de Cayenne
un peu de thym frais émietté
sel et poivre

Sauce verte d'accompagnement :
3 oignons blancs
1 bouquet de persil plat
2 citrons
huile d'olive
sel et poivre

Préparer la marinade en mélangeant tous les ingrédients.
Préparer la sauce. Éplucher les oignons, les hacher finement avec le persil. Verser le hachis dans un bol, ajouter le jus des 2 citrons, l'huile d'olive (3 à 4 cuillerées à soupe), le sel et le poivre. Bien remuer le tout.
Préparer les légumes. Couper les tomates et les oignons en quartiers, les poivrons en demi lanières, laisser les champignons entiers s'ils sont petits, sinon, les couper en deux.
Mettre les légumes dans la marinade pour une heure au moins.
Composer vos brochettes et les faire cuire 10 minutes environ sur le gril du barbecue en les tournant souvent.
Servir avec la sauce.

Courgettes grillées

Pour 4 personnes	*6 petites courgettes* *3 gousses d'ail* *1 bouquet de persil* *50 g de chapelure* *huile d'olive* *sel et poivre*

Préparer un hachis avec les gousses d'ail et le persil.
Dans un bol, mettre la chapelure, ajouter le hachis, le sel, le poivre et un peu d'huile d'olive. Bien mélanger.
Ouvrir les courgettes en deux dans le sens de la longueur. Badigeonner la partie verte avec l'huile d'olive.
Sur la tranche, répartir le mélange du bol en tassant un peu avec la main.
Mettre sur un gril pour 15 minutes environ. Les courgettes doivent être tendres.
Servir chaud.

Desserts du soleil

- Cannoli sardes
- Oreillettes
- Gâteaux aux figues sèches
- Cake à l'orange
- Dattes farcies à la pâte d'amandes
- Grenades à l'eau de fleur d'oranger

Desserts

Je ne donnerai ci-après que quelques recettes vraiment typiques et souvent liées à des fêtes car les fruits méditerranéens sont surtout à consommer nature.

La corbeille de fruits a une place prépondérante sur la table en toute saison car il est inconcevable de terminer un repas sans fruit. Il est, aussi, bien agréable de se régaler à toute heure de fruits savoureux.

Il y a des fruits du midi qui sont maintenant assez répandus et qu'il ne faut pas hésiter à savourer.

Je citerai :

les figues vertes de juillet et les noires de septembre : elles doivent être mûres à point avec la peau légèrement craquelée. Délicieuses au petit déjeuner avec des beignets.

les amandes vertes : ne pas les acheter trop tôt dans la saison car elles sont souvent vides. Attendre que la peau intérieure blanche soit striée de brun. Elles sont alors excellentes.

les grenades : il vaut mieux les préparer d'abord avec sucre et fleur d'oranger.

les figues de barbarie : les peaux doivent être bien colorées, orange foncé et rouge brun. Elles doivent être fermes. En général, les épines sont ôtées. Mais il faut être prudent. Il vaut mieux mettre des gants pour les ouvrir. Couper les deux extrémités, puis entailler la peau au centre, écarter les deux bords et sortir le fruit délicatement pour ne pas le casser. Le déposer dans le plat de service. À consommer rapidement.

les dattes : elles doivent être d'une couleur brun doré et elles ne doivent pas être trop sèches. Il vaut mieux les acheter par petites quantités et les consommer rapidement.

Cannoli sardes

Pour 4 personnes

Pâte :
250 g de farine
1 cuillerée à soupe de sucre en poudre
4 cuillerées à soupe de vin blanc doux (muscat)
50 g de beurre
sel
huile pour friture
moules cylindriques

Farce :
250 g de ricotta
100 g de sucre glace
50 g de fruits confits
1 cuillerée à café d'eau de fleur d'oranger

Préparer la pâte. Verser la farine dans un saladier, ajouter une pincée de sel, le sucre, mélanger, faire un puits au centre, y mettre le beurre ramolli. Travailler en ajoutant le vin blanc petit à petit jusqu'à ce que la pâte soit bien compacte. Rouler la pâte en boule, la poser sur une assiette, la recouvrir d'un torchon et la laisser reposer 1 heure.

Préparer la farce : déposer la ricotta dans un grand bol, la travailler à la fourchette, ajouter 50 g de sucre glace et la cuillerée à café d'eau de fleur d'oranger, tourner en crème et incorporer les fruits confits découpés en tous petits dés.

Avec le rouleau à pâtisserie, étendre la pâte pour obtenir un rectangle mince. Découper une douzaine de carrés de 10 cm de côté. Huiler les cylindres, enrouler autour les carrés de pâtes en commençant par un angle. Souder bien les bords avec un peu d'eau. Faire chauffer l'huile pour friture dans une poêle profonde. Y plonger les petits cylindres, par petites quantités, et les faire dorer à feu modéré. Les mettre à égoutter sur du papier absorbant.

Les laisser refroidir, retirer les cylindres avec précaution.
Les remplir de farce, les saupoudrer de sucre glace et les ranger sur un plat en pyramide.

Vous pouvez préparer les cannoli la veille et les remplir deux ou trois heures avant de servir

Dans mon enfance, il n'y avait pas de réveillon de nouvel an sans cannoli.

Il fallait en préparer de grandes quantités pour la famille et les amis. Comme cylindres, nous utilisions des roseaux bien secs que nous tronçonnions.
J'en prépare aussi pour Pâques mais je remplace les fruits confits par du chocolat noir râpé.
Je partage la farce en deux, je parfume l'une à la vanille, l'autre au chocolat, et je farcis les cannoli d'un côté avec la ricotta à la vanille et de l'autre côté avec la ricotta au chocolat.

Oreillettes

Pour 4 personnes

250 g de farine
1 œuf
50 g de beurre
4 cuillerées à soupe de vin blanc sec
1 cuillerée à soupe de sucre en poudre
100 g de sucre glace
1 zeste de citron finement râpé
1 pincée de sel
huile pour friture

Déposer la farine dans un saladier, ajouter la cuillerée de sucre en poudre et la pincée de sel, mélanger.
Creuser un puits au centre, y mettre l'œuf entier, le beurre ramolli, le zeste de citron, travailler en ajoutant le vin petit à petit jusqu'à obtenir une pâte compacte. La poser sur une assiette, la recouvrir d'un torchon et la laisser reposer 1 heure.
Étaler la pâte à 3 mm d'épaisseur cnviron y découper des lanières à l'aide d'une roulette crantée et les plonger, par petites quantités, dans la friture chaude.
Les sortir, les déposer sur du papier absorbant, puis les ranger sur un plat et les saupoudrer de sucre glace.

Pour moi, les oreillettes évoquent le réveillon de Noël. Tout en jouant aux cartes et en attendant la bûche qui était servie après le repas, nous grignotions des oreillettes en buvant du muscat.

Gâteaux aux figues sèches

Pour 4 personnes

1 kg de farine à pâtisserie
250 g de margarine au tournesol
1/2 verre d'huile d'olive
200 g de sucre en poudre
1 sachet de levure
Farce :
500 g de figues sèches
1 zeste d'orange non traitée
1 pincée de cannelle en poudre
une pincée de poivre noir
1 clou de girofle concassé
1 blanc d'œuf
2 cuillerées à soupe de sucre glace

Verser le sucre dans un verre d'eau et le laisser fondre.
Sur un plan de travail, déposer la farine avec la levure, creuser une fontaine et y verser la margarine fondue et refroidie, le 1/2 verre d'huile d'olive. Travailler du bout des doigts et ajouter, peu à peu, l'eau sucrée pour avoir une pâte assez ferme. Former une boule et laisser en attente. Ôter le pédoncule des figues. Les faire gonfler à la vapeur 10 minutes. Les laisser refroidir, les essuyer et les mixer pour les réduire en pâte.
Ajouter le zeste d'orange finement haché, la cannelle, le poivre et le clou de girofle concassé. Mélanger bien.
Abaisser la pâte (assez mince). Y découper, à l'aide de la roulette crantée, les rectangles de 8 sur 6 cm environ. Déposer dans chaque rectangle, dans le sens de la largeur, deux cuillerées à soupe de farce. Rouler et souder les bords avec un peu d'eau. Les déposer sur une plaque huilée.
Mettre à four moyen (thermostat 5) 30 mn environ. 10 mn avant la fin de cuisson, sortir les gâteaux du four et verser sur chacun quelques gouttes de blanc d'œuf monté en neige avec le sucre glace. Laisser refroidir.

Dans le reste de pâte, je découpe des étoiles et des demi-lunes. Je les fais cuire et je les décore comme les gâteaux aux figues.

Cake à l'orange

Pour 4 personnes

100 g de beurre
150 g de sucre
3 œufs
300 g de farine
1 sachet de levure
1 orange moyenne non traitée

Dans un récipient, verser le sucre, ajouter le beurre sorti du réfrigérateur au moins une heure avant. Bien mélanger à la fourchette.
Ajouter les œufs un à un en battant avec un batteur électrique jusqu'à absorption complète avant d'ajouter le suivant.
Lever finement le zeste de l'orange. Le passer au mini hachoir.
Presser le jus de l'orange, y délayer le zeste râpé.
Verser le jus dans le récipient, l'incorporer en remuant avec une cuillère.
Ajouter la farine avec la levure. Bien mélanger avec une cuillère puis avec le batteur électrique pendant 30 secondes.
Préchauffer le four thermostat 6 pendant 10 minutes.
Cuire 45 à 50 minutes environ en ramenant le thermostat sur 5 après 20 minutes de cuisson.

Ce cake à l'orange est excellent au petit-déjeuner. Il me rappelle les matins de Noël de mon enfance.

Dattes farcies à la pâte d'amandes

Pour 4 personnes

2 douzaines de dattes
200 g de pâte d'amandes
50 g de sucre cristallisé
2 douzaines de caissettes en papier

Ouvrir les dattes, retirer le noyau.
Prendre une noisette de pâte d'amandes. Lui donner la forme du noyau et en farcir la datte.
Farcir toutes les dattes.
Verser le sucre dans une assiette. Y rouler les dattes farcies, les déposer dans les caissettes en papier puis les ranger sur un plateau.

Grenades à l'eau de fleur d'oranger

Pour 4 personnes

2 ou 3 grenades suivant la taille
50 g de sucre en poudre
1 cuillerée à soupe d'eau de fleur d'oranger

Inciser la peau des grenades et les ouvrir en 4. Retirer les graines et les déposer dans un saladier. Ajouter le sucre et l'eau de fleur d'oranger, bien mélanger et laisser reposer 1 heure au frais.

Les grenades sont excellentes lorsqu'elles sont bien mûres. La peau doit être marbrée de rouge et un peu craquelée.
Pensez à avoir un demi citron à proximité pour vous frotter les mains et enlever les taches brunes.

Liste alphabétique des recettes

Aux Éditions La Plage

Recettes végétariennes du Liban
Dalal A. Holmin et Maher A. Abbas
Les recettes les plus savoureuses de la cuisine libanaise sont naturellement végétariennes : *Hummus, Taboulé, Falafel, Feuilles de vignes farcies* ou *Baba ghanoush* (caviar d'aubergine)... Vous trouverez dans ce livre toutes les recettes pour composer des *mezzes*, des légumes farcis, des sauces parfumées, des pâtisseries ou votre propre pain *pita*.
160 pages - 13 € - 14 x 21 cm - ISBN 2-84221-124-3

Recettes végétariennes de l'Inde
Kiran Vyas
La cuisine ayurvédique des familles brahmanes est excellente pour la santé et très savoureuse.
Chutney de coriandre, Samossas, Riz pulao aux fruits secs, Chapati, Halwa de carottes...
Kiran Vyas, fondateur de Tapovan, centre de yoga et de l'Ayurvéda, enseigne la cuisine végétarienne ayurvédique depuis plus de 20 ans.
160 pages - 13 € - 14 x 21 cm - ISBN 2-84221-126-X

Recettes végétariennes du Mexique
Kippy Nigh
Dans son restaurant végétarien de San Cristóbal de las Casas, Kippy Nigh met à l'honneur des plats populaires mexicains tout comme des spécialités régionales moins connues. Elle nous offre ici ses plus belles réussites : *enchiladas* aux sauces pimentées, *tortillas* fourrées aux haricots rouges, salade à la coriandre et au citron vert, doux *guacamole* ou dessert d'amarante et au sirop d'agave...
De quoi retrouver les saveurs incomparables du Mexique et renouveler la cuisine végétarienne !
160 pages - 13 € - 14 x 21 cm - ISBN 2-84221-125-1

Recettes végétariennes du monde entier
Garance Leureux
Un tour du monde gastronomique avec 130 recettes traditionnelles où légumes secs, céréales et légumes sont à l'honneur. Aubergines farcies au blé concassé, Mezze libanais, Croquettes mexicaines, Galettes de seigle, Pâté végétal japonais...
160 pages - 13 € - 14 x 21 cm - ISBN 2-84221-118-9

Graines germées
Valérie Cupillard
Photographies Philippe Barret et Myriam Gauthier-Moreau
Lentille, alfalfa, pois chiche, tournesol, fenugrec... faites germer les graines les plus variées et bénéficiez de leurs précieux nutriments. Dans cet ouvrage abondamment illustré, vous trouverez des recettes simples et festives pour adopter les graines germées au quotidien.
22,5 x 26,5 cm - 128 pages - 18,00 € - ISBN 2-84221-110-3

Desserts bio
Saines gourmandises au fil des saisons
Valérie Cupillard
Photographies Philippe Barret et Myriam Gauthier-Moreau
Ces recettes faciles à préparer sont conçues pour mettre en valeur les saveurs retrouvées des fruits de saison, les arômes des farines et des sucres complets, la légèreté des laits végétaux, les parfums naturels des huiles essentielles... Le dessert bio : une gourmandise pour se faire du bien !
couverture reliée - 22,5 x 26,5 cm - 160 pages - une centaine de photos couleur - 29,50 €
ISBN 2-84221-104-9

Assiettes végétariennes et plats uniques
Valérie Cupillard
Photographies Philippe Barret
Composer de magnifiques assiettes-repas équilibrées au fil des saisons. Une cuisine aérienne, colorée et pleine de saveurs qui sait mettre en valeur les ingrédients bio de qualité. L'auteur propose des solutions simples pour remplacer le lait de vache.
256 pages - 17,00 € - 14 x 21 cm - ISBN 2-84221-134-0

Cucurbitacées, rapide et facile
Garance Leureux
Des conseils pour mieux connaître et apprécier les cucurbitacées (jardinage, achat, intérêt nutritionnel, variétés...), des recettes à réaliser en moins de 30 minutes : soupes, tartes, gratins, fricassées, terrines, plats uniques... sans oublier d'incroyables gâteaux !
128 pages - 12 € - 14 x 21 cm - ISBN 2-84221-098-0

Algues, légumes de la mer
Carole Dougoud Chavannes
Des recettes variées pour cuisiner simplement toutes les algues disponibles sur le marché. Pour chaque recette l'auteur donne les équi-
valence en algues fraîches ou sèches. " Tartine au beurre pailleté
algues ", " Lasagnes au kombu ", " Œufs brouillés à la Celte "... la
ine aux algues n'a jamais été si facile !
ges - 12 € - 14 x 21 cm - ISBN 2-84221-081-6

Tofu, rapide et facile
Louise Hagler
120 recettes faciles à réaliser en moins de 30 minutes : des sauces, des galettes végétales, des tartes, des brochettes, des lasagnes, et même un très fameux cheesecake... Pour apprivoiser le tofu et en faire un familier de la table ainsi que l'allié de notre santé.
128 pages - 8,99 € - 14 x 21 cm - ISBN 2-84221-058-1

Ma cuisine végétarienne pour tous les jours
Nouvelle édition réliée - Garance Leureux
500 recettes simples et rapides : pâtés végétaux, tartes, sauces... Mais aussi des chapitres thématiques (céréales, graines germées, tofu, enfants...), un index par ingrédients, des menus (pour recevoir), des conseils diététique... Un manuel complet pour tout savoir sur la cuisine végétarienne. Ilustrations couleurs : fabriquer des raviolis végétariens, des galettes végétales, des sushis...
19,50 € - 16 x 22 cm - ISBN 2-84221-102-2

Céréales et légumineuses
Valérie Cupillard
En flocons ou en semoules, concassées, germées, précuites... aujourd'hui, céréales et légumineuses (les fameux « légumes secs ») sont devenus vraiment rapides à préparer.
La gastronomie bio les plébiscite, les nutritionnistes nous encouragent à leur redonner une vraie place pour un meilleur équilibre des apports protéiniques.Ce livre contient 100 recettes pleines d'idées pour en cuisiner tous les jours et sous toutes les formes.
128 pages -14 x 21 cm - 12 € - ISBN 2-84221-092-1

Guide des restaurants bio et/ou végétariens de France
Entièrement mis à jour chaque année
Pour manger bio au restaurant partout en France
Les restaurants biologiques, les restaurants végétariens, les tables d'hôtes biologiques, les tables d'hôtes végétariennes
Avec, pour mieux choisir : le détail des menus et le pourcentage des ingrédients bio utilisés en cuisine.
350 pages - photos - 12 € - 11,5 x 20 cm

Sans gluten, naturellement
Valérie Cupillard
Préface du docteur Jean Seignalet
Crème anglaise à la farine de châtaigne, farine de riz pour le clafoutis, poudre d'amande pour réaliser un fond de tarte... Valérie Cupillard sait trouver des solutions naturelles et gastronomiques qui respectent scrupuleusement le régime sans gluten.
128 pages - 11 € - 14 x 21 cm - ISBN 2-84221-085-9